Curso

AF276569

SE05

La diferencia entre aprobar
y sacar plaza

Auxiliar de Servicios Sociales

AYUNTAMIENTO DE MADRID

Accede a tu **Curso MAD360** y disfruta de los siguientes recursos:

- Técnicas de Memoria 360.
- MADTEST: Test nivel PRO.
- Temario en formato digital.
- Planificación de estudio.
- Foro entre opositores hasta la fecha del examen.*
- Recursos y novedades exclusivas.
- Consulta sobre la oposición y el proceso selectivo.
- Actualizaciones legislativas (Boletines Oficiales) hasta 60 días antes de la fecha del examen.*

Para acceder al Curso MAD360** será necesaria la compra de todos los libros para esta especialidad de la edición 2024.

Valida los códigos que encuentras en la última página de tus libros y disfruta de la experiencia MAD360.

Infórmate en: mad.es/registro-campus

NOTA IMPORTANTE:

* Examen de esta categoría profesional correspondiente a la convocatoria publicada en el BOAM n.º 9721, de 20 de septiembre de 2024, o hasta el 30 de noviembre de 2025, lo que se cumpla antes.

** El acceso al CURSO MAD360 estará disponible desde noviembre de 2024 (algunos recursos podrían estar disponibles en fecha posterior). Tendrá una duración de 365 días, desde la validación de códigos, o hasta el 31 de mayo de 2026, lo que se cumpla antes.

MAD se reserva el derecho a ampliar dichas fechas.

Auxiliar de Servicios Sociales del Ayuntamiento de Madrid

Octubre, 2024

Auxiliar de Servicios Sociales del Ayuntamiento de Madrid

Test del temario

ROCÍO CLAVIJO GAMERO
Licenciada en Psicología

FRANCISCO JESÚS TORRES FONSECA
Licenciado en Derecho

ELENA GARCÍA FERNÁNDEZ
Licenciada en Derecho

ISABEL GEMA MARTÍN SÁNCHEZ
Diplomada en Magisterio Educación Infantil
Licenciada en Psicopedagogía
Diploma de Estudios Avanzados en Didáctica y Organización Escolar

ESTELLA BERMUDO SÁNCHEZ
Trabajadora Social
Mediadora Social

© 7 Editores Recursos para la Cualificación Profesional y el Empleo, S.L. (7 Editores)
© Los autores
Primera edición, octubre 2024 (204 páginas)
Derechos de edición reservados a favor de 7 Editores
IMPRESO EN ESPAÑA
Diseño Portada: 7 Editores
Edita: 7 Editores
Avda. San Francisco Javier, 9 · Edificio Sevilla 2 · Planta 11 · Módulos 25-27 · 41018 Sevilla
Teléfono: 954 784 411 · WEB: www.mad.es · e-mail: administracion@7editores.com
ISBN: 978-84-142-8799-6
© "Editorial Mad" y "Eduforma" son nombres comerciales registrados de
7 Editores Recursos para la Cualificación Profesional y el Empleo, S.L.

Índice

TEST
GRUPO I

TEST N.º 1

La Constitución Española de 1978: Estructura y contenido. Los Derechos y deberes fundamentales

1. Las primeras elecciones democráticas celebradas en España tras la muerte de Franco tuvieron lugar en:

a) 1975.
b) 1976.
c) 1977.

2. El referéndum en el que se aprobó popularmente la Constitución se llevó a efecto el:

a) 27 de diciembre de 1978.
b) 6 de diciembre de 1978.
c) 31 de octubre de 1978.

3. La ponencia encargada de redactar el borrador de la Constitución se constituyó en el:

a) Senado.
b) Senado y Congreso de los Diputados.
c) Congreso de los Diputados.

4. Si un poder público, en su actuación, infringe lo dispuesto en el Preámbulo de la Constitución:

a) Incurre en nulidad.
b) Incurre en inconstitucionalidad.
c) No pasa nada salvo que, como consecuencia de esa actuación, se infrinja un artículo de la propia Constitución.

13

5. El principio en virtud del cual el ciudadano está amparado por una legislación no sujeta a continuos vaivenes es el de:

a) Legalidad.
b) Publicidad normativa.
c) Seguridad jurídica.

6. El principio en virtud del cual un Reglamento no puede contradecir una ley es el de:

a) Legalidad.
b) Jerarquía normativa.
c) Las respuestas a) y b) son correctas.

7. Según la Constitución, una norma que imponga una nueva pena más leve para un delito:

a) No se aplica retroactivamente.
b) Puede aplicarse retroactivamente.
c) Ha de ser reglamentaria.

8. Todos los españoles, respecto al castellano, tienen el:

a) Derecho-deber de conocerlo.
b) Derecho de usar y deber de conocerlo.
c) Derecho-deber de usarlo.

9. La capital del Estado en España es:

a) La propia de cada Comunidad Autónoma.
b) La villa de Madrid.
c) Aquella donde se establezca en cada momento el Gobierno de la Nación.

10. El Título de la Constitución que trata de la reforma constitucional es el:

a) Primero.
b) Décimo.
c) Noveno.

11. El Defensor del Pueblo se regula en el siguiente Título y Capítulo de la Constitución, respectivamente:

a) Preliminar y 1.º
b) Segundo y 4.º
c) Primero y 4.º

12. El Título de la misma que trata del Gobierno y la Administración es el:

a) Tercero.
b) Cuarto.
c) Quinto.

13. Los principios rectores de la política social y económica se regulan en el siguiente Capítulo y Título de la Constitución:

a) Segundo del Primero.
b) Tercero del Primero.
c) Tercero del Preliminar.

14. La derogación de una norma posconstitucional que vaya en contra de la Constitución se efectúa por el/la/las:

a) Propia Constitución.
b) Tribunal Constitucional.
c) Cortes Generales.

15. El pluralismo político, para nuestra Constitución, es un/una:

a) Principio General del ordenamiento político.
b) Valor superior del ordenamiento jurídico.
c) Principio rector de la política social y económica.

16. La forma política del Estado español es:

a) Unitaria y regionalizada.
b) Federal.
c) La Monarquía Parlamentaria.

17. La justicia, según nuestra Constitución, es un/una:

a) Principio de nuestro ordenamiento jurídico.
b) Valor superior del anterior.
c) Manifestación del Estado democrático.

18. Constituye el fundamento del orden público y de la paz social, según la Constitución, el/la/los:

a) Derechos inviolables inherentes a la persona.
b) Estado social y democrático de Derecho.
c) Seguridad jurídica.

19. Las Comunidades Autónomas deben usar o instalar la bandera española:

a) En sus edificios.
b) En los actos oficiales.
c) Cuando lo solicite el Delegado del Gobierno de la Nación en las mismas.

20. Deben tener una estructura interna y un funcionamiento democrático los/las:

a) Partidos Políticos.
b) Colegios Profesionales.
c) Todos ellos.

21. La defensa de la integridad territorial de España se atribuye por la Constitución a/al/a las:

a) Fuerzas y Cuerpos de Seguridad.
b) Fuerzas Armadas.
c) Gobierno de la Nación.

22. El Título de la Constitución que trata de las relaciones entre el Gobierno y las Cortes Generales es el:

a) Cuarto.
b) Quinto.
c) Sexto.

23. La Constitución entró en vigor:

a) Al día siguiente de su publicación en el Boletín Oficial del Estado.
b) El 27 de diciembre de 1978.
c) El 29 de diciembre de 1978.

24. Según la Constitución, el Estado es:

a) Apolítico.
b) Aconfesional.
c) De bienestar social.

25. El derecho a la vida se consagra en el siguiente artículo de la Constitución:

a) 10.
b) 16.
c) 15.

26. La pena de muerte en España:

a) Ha quedado abolida.
b) Puede aplicarse en cualquier momento.
c) Solo se aplicará, en tiempo de guerra, a los militares.

27. La inmediata puesta a disposición judicial derivada del *habeas corpus*, se produce por:

a) Detención ilegal.
b) Prisión ilegal.
c) Prisión preventiva.

28. El proceso en el que se enjuicie a un presunto delincuente debe:

a) Ser sumario.
b) No dilatarse.
c) Entorpecer los instrumentos probatorios.

29. La entrada en un domicilio en caso de flagrante delito, sin autorización de su titular:

a) Puede dar lugar a la aplicación del *habeas corpus*.
b) Requiere autorización previa de la autoridad judicial.
c) Puede efectuarse en todo momento.

30. Cuando, al conocerse la comisión de un delito por una persona, se acude a su domicilio para detenerla:

a) Está obligada a franquear la entrada.
b) Se necesitará autorización judicial para entrar, si no da su consentimiento para ello.
c) Pese a que no dé su consentimiento, se puede entrar.

31. La autorización previa para celebrar una manifestación pública:

a) La da el Subdelegado del Gobierno en la Provincia.
b) Es ineludible.
c) Sería inconstitucional.

32. El tipo de sufragio que consagra la Constitución es el:

a) Proporcional.
b) Universal.
c) Censitario.

33. Además de la no autoinculpación, la Constitución prevé que no se está obligado a declarar sobre un hecho presuntamente delictivo en caso de:

a) Parentesco y afinidad.
b) Cláusula de conciencia.
c) Secreto profesional.

34. Los Tribunales de Honor están prohibidos respecto de los/la/las:

a) Sindicatos y Organizaciones Profesionales.
b) Administración Civil y Militar.
c) Organizaciones Profesionales y la Administración Civil.

35. El secreto profesional, constitucionalmente, sirve para:

a) Ejercer con libertad una profesión titulada.
b) La libertad de creación científica y técnica.
c) No declarar sobre hechos presuntamente delictivos.

36. La fundación de una Internacional Sindical por un sindicato español:

a) Es libre.
b) Está prohibida.
c) Debe plasmarse en un Tratado Internacional.

37. El ejercicio del derecho de petición a través de una manifestación ciudadana:

a) No se admite.
b) Se admite en algún caso.
c) Se admite, salvo para los militares.

38. Las Fundaciones son:

a) Entidades constituidas para fines de interés general.
b) Administración Corporativa.
c) Entidades privadas con fines de carácter también privado.

39. La asistencia de todo orden a los hijos habidos extraconyugalmente:

a) No está prevista en la Constitución.
b) Es un deber de los padres.
c) Se dispensará por Instituciones de Beneficencia.

40. La especulación urbanística, según la Constitución:

a) Debe evitarse.
b) Está permitida.
c) Genera plusvalías para la colectividad.

41. No es susceptible de recurso de amparo el derecho a la/de:

a) Sindicación.
b) Investigación científica.
c) Secreto de las comunicaciones.

42. Tampoco lo es el derecho de:

a) Libertad de cátedra.
b) Negociación colectiva.
c) Manifestación.

43. Una vez declarado el estado de excepción no se puede suspender el derecho/ libertad de:

a) Huelga.
b) Enseñanza.
c) Adopción de medidas de conflicto colectivo.

44. Durante el estado de excepción, un detenido conserva el derecho de/a:

a) Setenta y dos horas para ser puesto a disposición judicial.
b) Secreto de comunicaciones.
c) Asistencia de Letrado.

45. Se puede suspender, con motivo de investigaciones relativas a bandas armadas, el derecho de:

a) Huelga.
b) Inviolabilidad del domicilio.
c) Libertad de circulación.

Solución al test n.º 1

1. c) 1977.

2. b) 6 de diciembre de 1978.

3. c) Congreso de los Diputados.

4. c) No pasa nada, salvo que, como consecuencia de esa actuación, se infrinja un artículo de la propia Constitución.

5. c) Seguridad jurídica.

6. c) Las respuestas a) y b) son correctas.

7. b) Puede aplicarse retroactivamente.

8. b) Derecho de usar y deber de conocerlo.

9. b) La villa de Madrid.

10. b) Décimo.

11. c) Primero y 4.º.

12. b) Cuarto.

13. b) Tercero del Primero.

14. a) Propia Constitución.

15. b) Valor superior del ordenamiento jurídico.

16. c) La Monarquía Parlamentaria.

17. b) Valor superior del anterior.

18. a) Derechos inviolables inherentes a la persona.

19. b) En los actos oficiales.

20. c) Todos ellos.

21. b) Fuerzas Armadas.

22. b) Quinto.

23. c) El 29 de diciembre de 1978.

24. b) Aconfesional.

25. c) 15.

26. a) Ha quedado abolida.

27. a) Detención ilegal.

28. b) No dilatarse.

29. c) Puede efectuarse en todo momento.

30. b) Se necesitará autorización judicial para entrar, si no da su consentimiento para ello.

31. c) Sería inconstitucional.

32. b) Universal.

33. c) Secreto profesional.

34. c) Organizaciones Profesionales y la Administración Civil.

35. c) No declarar sobre hechos presuntamente delictivos.

36. a) Es libre.

37. a) No se admite.

38. a) Entidades constituidas para fines de interés general.

39. b) Es un deber de los padres.

40. a) Debe evitarse.

41. b) Investigación científica.

42. b) Negociación colectiva.

43. b) Enseñanza.

44. c) Asistencia de Letrado.

45. b) Inviolabilidad del domicilio.

TEST N.º 2

Reglamento Orgánico del Gobierno y de la Administración del Ayuntamiento de Madrid: las Áreas de Gobierno y su estructura interna. Órganos superiores de las Áreas de Gobierno; Órganos Centrales directivos. Número y denominación de las actuales Áreas de Gobierno. Los Distritos: Organización y estructura administrativa

1. Para ejercer las competencias y desarrollar las funciones de gobierno y administración que les correspondan, las Áreas de Gobierno, en las que podrá existir uno o más coordinadores generales, contarán con:

a) Un Coordinador General y se estructurarán por bloques de competencias de naturaleza homogénea a través de Secretarías Generales u órganos similares.

b) Un Director General y se estructurarán por bloques de competencias de naturaleza homogénea a través de Coordinadores Generales u órganos similares.

c) Una Secretaría General Técnica y se estructurarán por bloques de competencias de naturaleza homogénea a través de Direcciones Generales u órganos similares.

2. Los órganos creados como instrumentos destacados para la gestión eficaz de determinados servicios públicos y que son objeto de regulación en el Título VII del Reglamento Orgánico del Gobierno y de la Administración del Ayuntamiento de Madrid se denominan:

a) Órganos colegiados.

b) Organismos públicos.

c) Distritos.

3. ¿Qué órganos constituyen el segundo nivel de la organización de las Áreas de Gobierno y les corresponden las funciones de coordinación de las distintas Direcciones Generales que integran aquellas?

a) Los órganos directivos.

b) Los órganos superiores.

c) Los órganos colegiados.

4. El Secretario General Técnico podrá depender funcionalmente de un Área de Coordinación o Delegada:

a) En todo caso.

b) Excepcionalmente, en los casos en los que el Área de Gobierno esté estructurada en Áreas de Coordinación o Delegadas.

c) En ningún caso.

5. Señala la respuesta correcta respecto a las Áreas de Gobierno y su estructura interna:

a) Las Áreas de Gobierno constituyen los niveles esenciales de la organización municipal y comprenden, cada una de ellas, uno o varios sectores funcionalmente homogéneos de la actividad administrativa municipal.

b) De las mismas no podrán depender otras Áreas de Coordinación o Delegadas.

c) El número de Áreas de Gobierno no podrá exceder de 12, correspondiendo al Pleno, al amparo de lo previsto en el artículo 123.1.c) en relación con las facultades que le atribuye el artículo 124.4.k) de la Ley 7/1985, de 2 de abril, determinar el número, denominación y atribuciones de las Áreas, sin perjuicio de las competencias que le puedan delegar otros órganos municipales.

6. ¿Qué órganos ejercen sus competencias exclusivamente en el ámbito de un distrito?

a) Los órganos centrales.

b) Los órganos territoriales.

c) Los organismos públicos.

7. Señala la respuesta correcta, relativa a la organización central del Ayuntamiento de Madrid:

a) La organización central del Ayuntamiento de Madrid se estructura en unidades departamentales denominadas Áreas de Gobierno, comprendiendo cada una de ellas uno o varios sectores funcionalmente homogéneos de la actividad administrativa. Estas Áreas se organizan en los órganos directivos que determine el Pleno y en las demás unidades que se creen por la relación de puestos de trabajo, sin perjuicio de las Áreas de Coordinación o Delegadas que asimismo puedan crearse.

b) La organización central del Ayuntamiento de Madrid se estructura en unidades departamentales denominadas Áreas de Gobierno, comprendiendo cada una de ellas uno o varios sectores funcionalmente homogéneos de la actividad administrativa. Estas Áreas se organizan en los órganos directivos que determine el Alcalde y en las demás unidades que se creen por la relación de puestos de trabajo, sin perjuicio de las Áreas de Coordinación o Delegadas que asimismo puedan crearse.

c) La organización central del Ayuntamiento de Madrid se estructura en unidades departamentales denominadas, Áreas de Gobierno, comprendiendo cada una de ellas uno o varios sectores funcionalmente homogéneos de la actividad administrativa. Estas Áreas se organizan en los órganos directivos que determine la Junta de Gobierno de la Ciudad de Madrid y en las demás unidades que se creen por la relación de puestos de trabajo, sin perjuicio de las Áreas de Coordinación o Delegadas que asimismo puedan crearse.

8. Junto a los órganos centrales directivos, el Reglamento del Gobierno y Administración del Ayuntamiento de Madrid prevé, siguiendo las disposiciones contenidas al respecto en el Título X de la LRBRL, la existencia de otros cuya especialidad viene determinada por la naturaleza de sus funciones o competencias. Estos órganos son:

a) La Asesoría Jurídica, como órgano encargado de la asistencia jurídica del Ayuntamiento de Madrid y a sus organismos públicos, en el que se integra el Cuerpo de Letrados del Ayuntamiento de Madrid, así como el resto de los empleados públicos que componen sus diferentes unidades.

b) La Asesoría Jurídica como órgano encargado de la asistencia jurídica del Alcalde, la Junta de Portavoces; los concejales presidentes y los vocales.

c) Los Foros Locales, la Junta de Portavoces, la Junta Municipal de Distrito y los vecinos.

9. El número de Áreas de Gobierno:

a) No podrá exceder de 10.

b) No podrá exceder de 15.

c) No podrá ser inferior a 5 ni superior a 15.

10. Indica la respuesta correcta respecto a la estructura de las Áreas de Gobierno del Ayuntamiento de Madrid:

a) En ellas podrá existir uno o más coordinadores generales, contarán con una Dirección General y se estructurarán por bloques de competencias de naturaleza homogénea a través de Subsecretarías u órganos similares.

b) En ellas podrá existir un coordinador general al frente, contarán con una Secretaría General y se estructurarán por bloques de competencias de naturaleza homogénea a través de Subdirecciones Generales u órganos similares.

c) En ellas podrá existir uno o más coordinadores generales, contarán con una Secretaría General Técnica y se estructurarán por bloques de competencias de naturaleza homogénea a través de Direcciones Generales u órganos similares.

11. Cuando así lo prevean los acuerdos de la Junta de Gobierno de Organización Administrativa, los órganos directivos:

a) Podrán depender directamente de la Junta de Gobierno de la Ciudad de Madrid.

b) De ellos podrán depender otros órganos directivos y aquellos organismos públicos con competencias de carácter instrumental y de prestación de servicios internos a todas las Áreas de Gobierno. En este último caso, corresponderá al titular del órgano directivo la presidencia del organismo público que de él dependa.

c) En todo caso, un órgano directivo podrá depender de otro órgano directivo del mismo rango.

12. ¿A quién no le corresponde ejercer la representación, dirección, gestión e inspección del Área de la que sean titulares?

a) A los concejales de Gobierno.
b) A los consejeros-delegados de Gobierno.
c) A los concejales-presidentes.

13. ¿Quién es el encargado de coordinar las distintas direcciones generales u órganos asimilados que integran el Área de Gobierno?

a) El concejal de coordinación.
b) El coordinador general.
c) El concejal-presidente.

14. ¿Cómo se denominará el órgano central directivo a quien corresponde la gestión de los servicios comunes de cada Área de Gobierno?

a) Concejal de coordinación.
b) Secretario General Técnico.
c) Coordinador General Técnico.

15. ¿Quién es competente para asistir jurídica y técnicamente al titular del Área de Gobierno, sin perjuicio de las competencias atribuidas a la Asesoría Jurídica?

a) El coordinador general.
b) El Secretario General Técnico.
c) El consejero-delegado.

16. ¿Cómo se denominan los titulares de los órganos directivos a los que corresponde, bajo la dependencia directa de un coordinador general o de un concejal de coordinación o delegado, la dirección y gestión de uno o varios ámbitos de competencias funcionalmente homogéneos?

a) Secretario General Técnico.
b) Director General.
c) Coordinador General.

17. ¿Qué órgano es el encargado de nombrar y cesar a los coordinadores generales, secretarios generales técnicos y directores generales?

a) El titular del Área de Gobierno.
b) El concejal competente.
c) La Junta de Gobierno.

18. Un puesto directivo de coordinador general:

a) Exige estar provisto por personal que ostente la condición de funcionario.
b) Puede ser provisto por personal que no ostente la condición de funcionario.
c) Siempre será personal eventual.

19. ¿Qué forma revestirán las decisiones administrativas que adopten los órganos directivos?

a) Orden.
b) Decreto.
c) Resolución.

20. La función pública de control y fiscalización interna de la gestión económico-financiera y presupuestaria, en su triple acepción de función interventora, función de control financiero y función de control de eficacia, correspondea:

a) La Agencia Tributaria Madrid.
b) La Intervención General.
c) La Tesorería.

21. ¿Quién es competente para proponer a la Junta de Gobierno la aprobación de los proyectos de disposiciones de carácter general y las demás propuestas que correspondan en el ámbito de sus competencias?

a) El Coordinador General.
b) Los concejales de Gobierno y los consejeros-delegados.
c) El Secretario General Técnico.

22. Señala la respuesta correcta:

a) La organización central del Ayuntamiento de Madrid se estructura en unidades departamentales denominadas Áreas de Gobierno.
b) Cada Área de Gobierno comprende uno o varios sectores funcionalmente heterogéneos de la actividad administrativa.
c) Estas Áreas se organizan en los órganos directivos que determine la Junta de Gobierno.

23. Según el artículo 123.1. c) de la Ley 7/1985, de 2 de abril, no tiene naturaleza orgánica:

a) La regulación del Pleno y del Consejo Social de la ciudad.
b) La regulación de la Junta de Gobierno de la ciudad de Madrid.
c) La regulación del órgano para la resolución de las reclamaciones económico-administrativas.

24. Entre las competencias de los Directores Generales no se encuentra la siguiente:

a) La elaboración de proyectos de disposiciones, acuerdos y convenios respecto de las materias de su ámbito de funciones.

b) Las que les deleguen los demás órganos municipales.

c) La evaluación del presupuesto anual que se les asigne.

25. Las Corporaciones municipales se constituyen en sesión pública:

a) El vigésimo día posterior a la celebración de elecciones.

b) En el mismo plazo establecido en el Congreso de los Diputados.

c) El vigésimo octavo día posterior a la celebración de las elecciones.

26. El Área de Gobierno competente en Economía se denomina:

a) Área de Gobierno de Economía y Competitividad.

b) Área de Gobierno de Economía y Hacienda.

c) Área de Gobierno de Economía, Innovación y Hacienda.

27. ¿A quién compete determinar el número, denominación y atribuciones de las Áreas?

a) Al Alcalde.

b) A los concejales.

c) A la Junta de Gobierno.

28. Señala la respuesta correcta:

a) Excepcionalmente, un órgano directivo podrá depender de otro órgano directivo del mismo rango.

b) El coordinador general, jerárquicamente se encuentra por debajo del director general.

c) Proponer al Alcalde la aprobación de los proyectos de organización y estructura del Área corresponde a la Asesoría Jurídica.

29. Indica, de las siguientes, qué respuesta es la correcta:

a) Del Área de Gobierno de Economía, Innovación y Hacienda depende el Área Delegada de Coordinación Territorial, Transparencia y Protección de Datos.

b) Del Área de Gobierno de Cultura, Turismo y Deporte depende el Área Delegada de Artes Escénicas.

c) Ninguna es correcta.

30. Del Área de Gobierno de Urbanismo, Medio Ambiente y Movilidad dependerán las siguientes Áreas Delegadas:

a) Área Delegada de Turismo.
b) Área Delegada de Deporte.
c) Área Delegada de Limpieza y Zonas Verdes.

31. Al Pleno de la Corporación:

a) Le corresponde la creación de los distritos y a la Junta de Gobierno de la Ciudad de Madrid, determinar el porcentaje mínimo de los recursos presupuestarios de la Corporación que deberán gestionarse por los distritos en su conjunto.

b) Le corresponde la creación de los distritos así como determinar el porcentaje mínimo de los recursos presupuestarios de la Corporación que deberán gestionarse por los distritos en su conjunto.

c) Le corresponde determinar el porcentaje mínimo de los recursos presupuestarios de la Corporación que deberán gestionarse por los distritos en su conjunto, delegando en todo caso, la creación de los distritos a la Junta de Gobierno de la Ciudad de Madrid.

32. Los recursos presupuestarios que serán gestionados por los Distritos en su conjunto:

a) No serán en ningún caso superiores al 11 por 100 del presupuesto del Ayuntamiento.
b) Podrán ser en cualquier caso inferiores al 11 por 100 del presupuesto del Ayuntamiento.
c) No serán en ningún caso inferiores al 11 por 100 del presupuesto del Ayuntamiento.

33. ¿En cuántos distritos se divide el término municipal de Madrid?

a) 21.
b) 22.
c) 23.

34. El Consejo de Proximidad:

a) Un órgano de información, participación y deliberación ciudadana, con capacidad para la adopción de acuerdos de iniciativas y propuestas, acerca de aquellos aspectos de interés del distrito, sin perjuicio de que las referencias que se hagan a este órgano en el reglamento orgánico lo sean únicamente al órgano de participación ciudadana.

b) Es un órgano de información y de participación ciudadana presencial y consultiva, con capacidad para la adopción de acuerdos de iniciativas y propuestas acerca de todos aquellos aspectos inherentes a la acción municipal en el Distrito.

c) Es un órgano de información y de participación ciudadana no presencial y deliberativa, con capacidad para la adopción de acuerdos de iniciativas y propuestas acerca de todos aquellos aspectos inherentes a la acción municipal en el Distrito.

35. Cada grupo político podrá estar asistido por concejales designados por su grupo municipal que tendrán la función de acompañar a su respectivo grupo municipal, en el distrito:

a) Sí, correcto, hasta por 2 concejales.

b) Sí, únicamente por un concejal.

c) No, no se contempla la asistencia por concejales.

36. ¿A qué órgano le corresponde la dirección y gestión de los servicios de su competencia, bajo la superior dirección del Concejal-Presidente?

a) La Junta Municipal del Distrito.

b) Al Coordinador del Distrito.

c) Al Consejo de Proximidad.

37. Los vocales vecinos que componen la Junta Municipal del Distrito:

a) Son nombrados, entre vecinos, por el alcalde a propuesta de los grupos políticos.

b) Son nombrados, entre concejales y vecinos, por los grupos políticos a propuesta del alcalde.

c) Son nombrados, entre concejales y vecinos, por la Junta Municipal del Distrito.

38. ¿Cuándo celebrarán las Juntas Municipales de los Distritos, sesión plenaria ordinaria?

a) Una vez cada dos meses.

b) Una vez al mes.

c) Una vez cada quince días.

39. ¿A quién le corresponde convocar y presidir las sesiones de los órganos colegiados del distrito?

a) Al Alcalde.

b) Al Concejal-Presidente.

c) Al Coordinador del Distrito.

40. Determinar los asuntos incluidos en el orden del día sobre los que se va a entablar debate, es una función de:

a) El Concejal-Presidente.

b) El Coordinador del Distrito.

c) La Junta de Portavoces.

41. Señale la respuesta correcta respecto a las sesiones extraordinarias a solicitud de los miembros de las Juntas Municipales de los Distritos:

a) Ningún miembro de la Junta Municipal del Distrito podrá solicitar más de cuatro sesiones extraordinarias de la Junta al año.

b) La convocatoria suscrita por, al menos, la tercera parte del número legal de miembros de la Junta Municipal del Distrito, se solicitará por escrito, en el que se especificará el asunto que la motiva dentro del ámbito de las competencias propias de la Junta Municipal del Distrito, y se incluirá el texto del acuerdo que se quiera someter a debate y votación.

c) Si el concejal-presidente no convocase la sesión extraordinaria para su celebración en el plazo señalado, quedará automáticamente convocada la sesión plenaria de la Junta Municipal del Distrito para el décimo día hábil siguiente al de la finalización de dicho plazo, a la misma hora de celebración de las sesiones ordinarias, lo que será notificado por la Secretaría del Distrito a todos los miembros de la misma al día siguiente de la finalización del plazo citado anteriormente.

42. Una vez solicitada una sesión extraordinaria, a solicitud de los miembros de las Juntas Municipales de los Distritos, no podrá demorarse:

a) Más de quince días naturales.

b) Más de quince días hábiles.

c) Más de un mes.

43. Entre las competencias del Concejal-Presidente, no se encuentra la siguiente:

a) La dirección, planificación y coordinación de los servicios administrativos del distrito cuya jefatura inmediata ostenta, sin perjuicio de las competencias atribuidas a los órganos de gobierno del distrito.

b) Ejercer la superior dirección de los ámbitos de la actividad administrativa del distrito.

c) Fijar los objetivos del distrito y de su competencia, aprobar los planes de actuación del mismo y asignar los recursos necesarios para su ejecución, de acuerdo con las normas presupuestarias correspondientes.

44. Las decisiones administrativas que adopten los coordinadores de distrito, revestirán la forma de:

a) Acuerdos.

b) Decretos.

c) Resoluciones.

45. En caso de ausencia, vacante o enfermedad, el coordinador del distrito podrá ser sustituido:

a) Por quien designe el Alcalde.

b) Por quien designe el coordinador del Distrito.

c) Por quien designe el concejal-presidente del Distrito.

46. La supervisión del mantenimiento del inventario de bienes municipales adscritos al Distrito, es competencia de:

a) La Secretaría del Distrito.
b) El Concejal-Presidente.
c) El Coordinador del Distrito.

47. ¿A quién le corresponde fijar los objetivos del Distrito de su competencia, aprobar los planes de actuación del mismo y asignar los recursos necesarios para su ejecución, de acuerdo con las normas presupuestarias correspondientes?

a) Al Concejal-Presidente.
b) A la Junta de Portavoces.
c) Al Foro Local.

48. La evaluación de los servicios del Distrito, es competencia de:

a) La Secretaría del Distrito.
b) El Concejal-Presidente.
c) El coordinador del Distrito.

49. En relación a la Intervención Delegada, señala la respuesta correcta:

a) Será nombrado a propuesta del Concejal-Presidente.
b) Cada Distrito, podrá contar con un Interventor-Delegado.
c) Deben ser funcionarios de carrera del Subgrupo A1.

50. El control jurídico-administrativo de cuantas propuestas de acuerdo o resolución se eleven a la Junta Municipal del Distrito, al Concejal-Presidente o al Coordinador del Distrito, es competencia de:

a) La Secretaría del Distrito.
b) La Intervención Delegada.
c) La Coordinación del Distrito.

51. Las resoluciones administrativas que adopte el Concejal-Presidente revestirán la forma de:

a) Resolución.
b) Decreto.
c) Acuerdo.

52. ¿A quién le corresponde la propuesta y control de la implantación y mejora de aplicaciones y herramientas informáticas en el Distrito en coordinación con los servicios responsables en la materia?

a) A la Secretaría del Distrito.
b) Al Coordinador del Distrito.
c) Al Concejal-Presidente.

53. ¿Quién es el encargado de la Jefatura y gestión del personal adscrito al Distrito?

a) La Secretaría del Distrito.
b) A la Junta de Portavoces.
c) El Concejal-Presidente.

54. La figura del Concejal-Presidente se encuentra regulada en el Título II del Reglamento Orgánico de los Distritos del Ayuntamiento de Madrid. Señale la respuesta incorrecta en relación a esta figura:

a) Es nombrado y separado por el Alcalde.
b) En el ámbito de su Distrito y en el marco de sus competencias, corresponde al concejal-presidente cumplir y hacer cumplir las Leyes los Reglamentos y las Ordenanzas Municipales.
c) Le corresponde la coordinación de las relaciones de la Junta Municipal de distrito con el Área de Gobierno competente en materia de coordinación territorial y el resto de Áreas de Gobierno, organismos públicos y empresas municipales.

55. Señale cuál de las siguientes competencias no corresponde al Concejal-presidente:

a) Fijar los objetivos del Distrito y de su competencia, aprobar los planes de actuación del mismo y asignar los recursos necesarios para su ejecución, de acuerdo con las normas presupuestarias correspondientes.
b) Convocar y presidir las sesiones de la Junta Municipal del Distrito, así como establecer el orden del día de las mismas.
c) La coordinación de las relaciones de la Junta Municipal de distrito con el Área de Gobierno competente en materia de coordinación territorial y el resto de Áreas de Gobierno, organismos públicos y empresas municipales.

56. Indique cuál de las siguientes opciones contempla el listado correcto de los Distritos de Madrid:

a) - Centro. - Arganzuela. - Retiro. - Salamanca. - Chamartín. - Tetuán. - Chamberí. - Fuencarral-El Pardo. - Moncloa-Aravaca. - Latina. - Carabanchel. - Usera. - Puente de Vallecas. - Moratalaz. - Ciudad Lineal. - Hortaleza. - Villaverde. - Villa de Vallecas. - Vicálvaro. - San Blas - Canillejas - Barajas.
b) - Centro. - Arganzuela. - Retiro. - Salamanca. - Chamartín. - Tetuán. - Chamberí. - Fuencarral-El Pardo. - Moncloa-Aravaca. - Latina. - Carabanchel. - Usera. – Parla- Puente de Vallecas. - Moratalaz. - Ciudad Lineal. - Hortaleza. - Villa de Vallecas. - Vicálvaro. - San Blas - Canillejas - Barajas.
c) - Centro. - Arganzuela. - Retiro. - Salamanca. - Chamartín. - Tetuán. - Chamberí. - Fuencarral-El Pardo. - Moncloa-Pozuelo. - Latina. - Carabanchel. - Usera. - Puente de Vallecas. - Moratalaz. - Ciudad Lineal. - Hortaleza. - Villaverde. - Villa de Vallecas. - Vicálvaro. - San Blas - Canillejas - Barajas.

57. Los consejos de proximidad tienen como finalidad contribuir, facilitar, fomentar e incrementar la participación ciudadana en los distritos, y en particular:

a) Impulsar la implicación activa de la ciudadanía en los asuntos del Ayuntamiento.

b) Constituir espacios para la participación ciudadana, la propuesta y valoración de las actuaciones municipales en el correspondiente distrito.

c) Fomentar el diálogo abierto entre la ciudadanía y la Presidencia del distrito y permitir la rendición de cuentas por parte de la Junta Municipal del Distrito del Distrito, sin perjuicio de la rendición de cuentas que igualmente se efectúa por esta, ante la Junta Municipal.

58. La actividad del consejo de proximidad se regirá por los siguientes principios:

a) Autonomía y capacidad para organizar su funcionamiento mediante mesas y grupos de trabajo, a partir de lo regulado en el reglamento orgánico, cuyo contenido se considerará criterio común de actuación.

b) Eficiencia, permitiendo la participación del mayor número de personas posible dentro de su competencia.

c) Ambas son correctas.

59. Los acuerdos en el Consejo de Proximidad:

a) Deberán elevarse al Concejal-Presidente correspondiente para su deliberación y debate, y en su caso, aprobación.

b) Podrán elevarse a la Junta Municipal de Distrito correspondiente para su deliberación y debate, y en su caso, aprobación.

c) En todo caso, se elevarán al Alcalde del Ayuntamiento de Madrid.

60. Respecto a la composición y constitución de la Junta de Portavoces, señale la respuesta correcta:

a) La Junta de Portavoces, órgano deliberante y consultivo de la Junta Municipal del Distrito, está presidida por el concejal-presidente.

b) La integran los portavoces de los grupos municipales que tienen representación en la Junta Municipal del Distrito o en la Junta de Gobierno de la ciudad de Madrid.

c) La Junta de Portavoces quedará constituida por Decreto del concejal presidente, tan pronto como se hubiera formalizado la designación de sus integrantes.

Solución al test n.º 2

1. c) Una Secretaría General Técnica y se estructurarán por bloques de competencias de naturaleza homogénea a través de Direcciones Generales u órganos similares.

2. b) Organismos públicos.

3. a) Los órganos directivos.

4. b) Excepcionalmente, en los casos en los que el Área de Gobierno esté estructurada en Áreas de Coordinación o Delegadas.

5. a) Las Áreas de Gobierno constituyen los niveles esenciales de la organización municipal y comprenden, cada una de ellas, uno o varios sectores funcionalmente homogéneos de la actividad administrativa municipal.

6. b) Los órganos territoriales.

7. b) La organización central del Ayuntamiento de Madrid se estructura en unidades departamentales denominadas Áreas de Gobierno, comprendiendo cada una de ellas uno o varios sectores funcionalmente homogéneos de la actividad administrativa. Estas Áreas se organizan en los órganos directivos que determine el Alcalde y en las demás unidades que se creen por la relación de puestos de trabajo, sin perjuicio de las Áreas de Coordinación o Delegadas que asimismo puedan crearse.

8. a) La Asesoría Jurídica, como órgano encargado de la asistencia jurídica del Ayuntamiento de Madrid y a sus organismos públicos, en el que se integra el Cuerpo de Letrados del Ayuntamiento de Madrid, así como el resto de los empleados públicos que componen sus diferentes unidades.

9. b) No podrá exceder de 15.

10. c) En ellas podrá existir uno o más coordinadores generales, contarán con una Secretaría General Técnica y se estructurarán por bloques de competencias de naturaleza homogénea a través de Direcciones Generales u órganos similares.

11. b) De ellos podrán depender otros órganos directivos y aquellos organismos públicos con competencias de carácter instrumental y de prestación de servicios internos a todas las Áreas de Gobierno. En este último caso, corresponderá al titular del órgano directivo la presidencia del organismo público que de él dependa.

12. c) A los concejales-presidentes.

13. b) El coordinador general.

14. b) Secretario General Técnico.

15. b) El Secretario General Técnico.

16. b) Director General.

17. c) La Junta de Gobierno.

18. b) Puede ser provisto por personal que no ostente la condición de funcionario.

19. c) Resolución.

20. b) La Intervención General.

21. b) Los concejales de Gobierno y los consejeros-delegados.

22. a) La organización central del Ayuntamiento de Madrid se estructura en unidades departamentales denominadas Áreas de Gobierno.

23. b) La regulación de la Junta de Gobierno de la ciudad de Madrid.

24. c) La evaluación del presupuesto anual que se les asigne.

25. a) El vigésimo día posterior a la celebración de elecciones.

26. c) Área de Gobierno de Economía, Innovación y Hacienda.

27. a) Al Alcalde.

28. a) Excepcionalmente, un órgano directivo podrá depender de otro órgano directivo del mismo rango.

29. c) Ninguna es correcta.

30. c) Área Delegada de Limpieza y Zonas Verdes.

31. b) Le corresponde la creación de los distritos así como determinar el porcentaje mínimo de los recursos presupuestarios de la Corporación que deberán gestionarse por los distritos en su conjunto.

32. c) No serán en ningún caso inferiores al 11 por 100 del presupuesto del Ayuntamiento.

33. a) 21.

34. a) Un órgano de información, participación y deliberación ciudadana, con capacidad para la adopción de acuerdos de iniciativas y propuestas, acerca de aquellos aspectos de interés del distrito, sin perjuicio de que las referencias que se hagan a este órgano en el reglamento orgánico lo sean únicamente al órgano de participación ciudadana.

35. a) Sí, correcto, hasta por 2 concejales.

36. b) Al Coordinador del Distrito.

37. a) Son nombrados, entre vecinos, por el alcalde a propuesta de los grupos políticos.

38. b) Una vez al mes.

39. b) Al Concejal-Presidente.

40. c) La Junta de Portavoces.

41. c) Si el concejal-presidente no convocase la sesión extraordinaria para su celebración en el plazo señalado, quedará automáticamente convocada la sesión plenaria de la Junta Municipal del Distrito para el décimo día hábil siguiente al de la finalización de dicho plazo, a la misma hora de celebración de las sesiones ordinarias, lo que será notificado por la Secretaría del Distrito a todos los miembros de la misma al día siguiente de la finalización del plazo citado anteriormente.

42. b) Más de quince días hábiles.

43. a) La dirección, planificación y coordinación de los servicios administrativos del distrito cuya jefatura inmediata ostenta, sin perjuicio de las competencias atribuidas a los órganos de gobierno del distrito.

44. c) Resoluciones.

45. c) Por quien designe el concejal-presidente del Distrito.

46. a) La Secretaría del Distrito.

47. a) Al Concejal-Presidente.

48. c) El coordinador del Distrito.

49. c) Deben ser funcionarios de carrera del Subgrupo A1.

50. a) La Secretaría del Distrito.

51. b) Decreto.

52. a) A la Secretaría del Distrito.

53. a) La Secretaría del Distrito.

54. c) Le corresponde la coordinación de las relaciones de la Junta Municipal de distrito con el Área de Gobierno competente en materia de coordinación territorial y el resto de Áreas de Gobierno, organismos públicos y empresas municipales.

55. c) La coordinación de las relaciones de la Junta Municipal de distrito con el Área de Gobierno competente en materia de coordinación territorial y el resto de Áreas de Gobierno, organismos públicos y empresas municipales.

56. a) - Centro. - Arganzuela. - Retiro. - Salamanca. - Chamartín. - Tetuán. - Chamberí. - Fuencarral-El Pardo. - Moncloa-Aravaca. - Latina. - Carabanchel. - Usera. - Puente de Vallecas. - Moratalaz. - Ciudad Lineal. - Hortaleza. - Villaverde. - Villa de Vallecas. - Vicálvaro. - San Blas - Canillejas - Barajas.

57. b) Constituir espacios para la participación ciudadana, la propuesta y valoración de las actuaciones municipales en el correspondiente distrito.

58. a) Autonomía y capacidad para organizar su funcionamiento mediante mesas y grupos de trabajo, a partir de lo regulado en el reglamento orgánico, cuyo contenido se considerará criterio común de actuación.

59. b) Podrán elevarse a la Junta Municipal de Distrito correspondiente para su deliberación y debate, y en su caso, aprobación.

60. a) La Junta de Portavoces, órgano deliberante y consultivo de la Junta Municipal del Distrito, está presidida por el concejal-presidente.

TEST N.º 3

El personal al servicio de la Administración Pública conforme al Real Decreto Legislativo 5/2015, de 30 de octubre por el que se aprueba el texto refundido de la Ley del Estatuto Básico del Empleado Público: clases de personal. Adquisición y pérdida de la relación de servicio. Situaciones administrativas. Derechos de los empleados públicos. Derecho a la carrera profesional y a la promoción interna. La evaluación del desempeño. Derechos retributivos. Derechos a la jornada de trabajo, permisos y vacaciones. Régimen disciplinario

1. El vigente texto refundido de la Ley del Estatuto Básico del Empleado Público fue aprobado por:

a) Real Decreto Legislativo 5/2015, de 30 de octubre.
b) Real Decreto Legislativo 2/2015, de 23 de octubre.
c) Real Decreto Legislativo 3/2015, de 23 de octubre.

2. El empleo en el sector público se caracteriza por estar configurado por un modelo:

a) Unitario de personal funcionario.
b) Unitario de personal estatutario.
c) Dual de regímenes jurídicos, personal funcionario y personal laboral.

3. El Estatuto Básico del Empleado Público (EBEP) contiene:

a) Aquello que es común al conjunto de los empleados públicos de todas las Administraciones Públicas.
b) Las normas legales específicas aplicables a los empleados públicos de todas las Administraciones Públicas.
c) Aquello que es común al conjunto de los funcionarios de todas las Administraciones Públicas, más las normas legales específicas aplicables al personal laboral a su servicio.

4. Para todo el personal de las Administraciones Públicas no incluido en su ámbito de aplicación, el EBEP tendrá carácter:

a) Consultivo.
b) Voluntario.
c) Supletorio.

5. El Texto Refundido del Estatuto Básico del Empleado Público se aplicará directamente, sin necesidad de que lo disponga su legislación específica, al siguiente personal:

a) Personal funcionario de las Cortes Generales.
b) Personal del Centro Nacional de Inteligencia.
c) Personal de las Universidades Públicas.

6. El Título IV del Texto Refundido de la Ley del Estatuto Básico del Empleado Público trata de:

a) Derechos y deberes. Código de conducta de los empleados públicos.
b) Adquisición y pérdida de la relación de servicio.
c) Ordenación de la actividad profesional.

7. El artículo 8 del Texto Refundido de la Ley del Estatuto Básico del Empleado Público, aprobado por el Real Decreto Legislativo 5/2015, de 30 de octubre, define como aquellos quienes desempeñan funciones retribuidas en las Administraciones Públicas al servicio de los intereses generales:

a) A los Funcionarios públicos.
b) A los Empleados públicos.
c) Al Personal laboral de las Administraciones Públicas.

8. El Texto Refundido de la Ley del Estatuto Básico del Empleado Público (TR-LEBEP) establece cuatro tipos de empleados públicos, entre los que no figura:

a) Funcionarios interinos.
b) Personal laboral.
c) Personal militar.

9. Los funcionarios de carrera son aquellos quienes, en virtud de nombramiento legal, están vinculados a una Administración Pública por una relación estatutaria regulada por:

a) El Derecho Laboral.
b) El Derecho Administrativo.
c) El Derecho Civil.

10. Corresponden en exclusiva a los funcionarios públicos, en los términos que en la ley de desarrollo de cada Administración Pública se establezca, el ejercicio de las funciones que impliquen la participación directa o indirecta:

a) En el archivo y documentación de información administrativa.
b) En tareas administrativas.
c) En el ejercicio de las potestades públicas.

11. Según el artículo 9.1 del EBEP, es una característica del funcionario de carrera el desempeño de servicios profesionales retribuidos de carácter:

a) Permanente.
b) Público.
c) Administrativo.

12. Podrá nombrarse personal funcionario interino para la ejecución de programas de carácter temporal, que no podrán tener una duración:

a) Inferior a 3 años.
b) Superior a 2 años, ampliable hasta doce meses más por las leyes de Función Pública que se dicten en desarrollo del TR-LEBEP.
c) Superior a 3 años, ampliable hasta doce meses más por las leyes de Función Pública que se dicten en desarrollo del TR-LEBEP.

13. Podrá nombrarse personal funcionario interino por exceso o acumulación de tareas:

a) Por plazo máximo de nueve meses, dentro de un periodo de dieciocho meses.
b) Por un plazo mínimo de 3 meses y máximo de 1 año.
c) Por un plazo máximo de 3 años, ampliable hasta doce meses más por las leyes de Función Pública que se dicten en desarrollo del TR-LEBEP.

14. Son funcionarios interinos los que son nombrados como tales para el desempeño de funciones propias de funcionarios de carrera por razones expresamente justificadas de necesidad y/e:

a) Urgencia.
b) Interés.
c) Conveniencia.

15. El personal laboral al servicio de las Administraciones Públicas NO puede desempeñar puestos:

a) Correspondientes a áreas de actividades que requieran conocimientos técnicos especializados.
b) Cuyas actividades sean propias de oficios.
c) Que impliquen la participación directa o indirecta en la salvaguardia de los intereses generales del Estado y de las Administraciones Públicas.

16. El número de puestos cubiertos por personal eventual:

a) Es indefinido e ilimitado.
b) Está limitado por un máximo establecido por los respectivos órganos de gobierno.
c) Está limitado a tres por cada órgano superior de la Administración Pública.

17. Es personal eventual el que, en virtud de nombramiento y con carácter no permanente, solo realiza funciones expresamente calificadas como de confianza o:

a) Representación política.
b) Asesoramiento especial.
c) Gran responsabilidad.

18. En relación con el personal eventual, es cierto que:

a) Será retribuido con cargo a los créditos presupuestarios consignados para el personal funcionario.
b) La condición de personal eventual constituirá mérito en la fase de concurso para el acceso a la Función Pública.
c) Su cese tendrá lugar, en todo caso, cuando se produzca el de la autoridad a la que se preste la función de confianza o asesoramiento.

19. En relación con el personal directivo, el EBEP establece que:

a) Su designación atenderá a principios de mérito y capacidad.
b) Su designación atenderá a criterios de eficacia y eficiencia.
c) La determinación de sus condiciones de empleo serán objeto de negociación colectiva.

20. La designación del personal directivo de las Administraciones Públicas se llevará a cabo mediante procedimientos que garanticen:

a) La publicidad y concurrencia.
b) La idoneidad.
c) El mérito y la capacidad.

21. Los órganos de selección serán colegiados y su composición deberá ajustarse a los principios de:

a) Imparcialidad y profesionalidad de sus miembros.
b) Representatividad y homogeneidad.
c) Publicidad y transparencia.

22. Podrá/n formar parte de los órganos de selección:

a) El personal eventual.
b) El personal de designación política.
c) El personal laboral.

23. ¿Cuál es la edad mínima para poder participar en los procesos selectivos de acceso al empleo público?

a) 14 años.
b) 16 años.
c) 17 años.

24. El funcionario que haya perdido su condición por cambio de nacionalidad, si recupera la nacionalidad:

a) Volverá automáticamente al puesto de trabajo que ocupaba.
b) No podrá volver a ejercer como funcionario.
c) Podrá solicitar la rehabilitación.

25. Será aceptada expresamente por la Administración la renuncia voluntaria a la condición de funcionario en el siguiente caso:

a) Cuando el funcionario esté sujeto a expediente disciplinario.
b) Cuando contra el funcionario haya sido dictado auto de procesamiento por la comisión de algún delito.
c) Cuando el funcionario se encuentre en la situación de excedencia forzosa.

26. La suspensión firme por sanción disciplinaria no podrá exceder de:

a) 2 años.
b) 3 años.
c) 6 años.

27. A tenor del artículo 14 del EBEP, los empleados públicos tienen derecho:

a) A la inamovilidad en la condición de funcionario de carrera.
b) A la formación continua y a la actualización permanente de sus conocimientos y capacidades profesionales, preferentemente fuera del horario laboral.
c) A la libertad de expresión, sin restricción alguna.

28. Para tener derecho a la promoción interna, los funcionarios deberán tener una antigüedad de servicio activo en el inferior subgrupo o grupo de clasificación profesional, de al menos:

a) Dos años.
b) Tres años.
c) Cuatro años.

29. Según el EBEP, la continuidad en un puesto de trabajo obtenido por concurso quedará vinculada a:

a) La evaluación del desempeño.
b) La idoneidad.
c) La antigüedad.

30. La cuantía y estructura de las retribuciones complementarias de los funcionarios se establecerán por:

a) Ley estatal.
b) Las correspondientes leyes de cada Administración Pública.
c) Real Decreto del Consejo de Ministros.

31. ¿Podrá percibirse participación en tributos o en cualquier otro ingreso de las Administraciones Públicas como contraprestación de cualquier servicio, participación o premio en multas impuestas?

a) No, en ningún caso.
b) Sí, en cualquier caso.
c) No, excepto cuando estuviesen normativamente atribuidas a los servicios.

32. Cuando adquieran la condición de funcionarios al servicio de organizaciones internacionales, los funcionarios de carrera serán declarados en situación de:

a) Excedencia.
b) Servicios especiales.
c) Servicio en otras Administraciones Públicas.

33. La funcionaria en excedencia por violencia de género tendrá derecho a percibir las retribuciones íntegras y, en su caso, las prestaciones familiares por hijo a cargo:

a) Durante los dos primeros meses de esta excedencia.
b) Durante los seis primeros meses.
c) Durante todo el tiempo que permanezca en esta situación.

34. Quienes prestan servicios en su condición de funcionarios públicos cualquiera que sea la Administración u organismo público o entidad en el que se encuentren destinados y no les corresponda quedar en otra situación, es que se hallan en situación de:

a) Excedencia forzosa.
b) Servicio activo.
c) Excedencia voluntaria.

35. Los empleados públicos tienen derecho a la libertad de expresión:

a) En los términos que se establezcan reglamentariamente.
b) A través de sus representantes sindicales.
c) Dentro de los límites del ordenamiento jurídico.

36. Los funcionarios públicos tendrán un permiso por matrimonio de:

a) 10 días.
b) 15 días.
c) 20 días.

37. En el permiso de 16 semanas del progenitor diferente de la madre biológica por nacimiento, guarda con fines de adopción, acogimiento o adopción de un hijo o hija, serán en todo caso de descanso obligatorio:

a) Las seis semanas inmediatas posteriores al hecho causante.
b) Las tres semanas inmediatas posteriores al hecho causante.
c) Los quince días inmediatos posteriores al hecho causante.

38. Según los principios de conducta establecidos en el EBEP, los empleados públicos deberán mantener actualizados:

a) Los estándares de calidad.
b) Los medios de comunicación con los ciudadanos.
c) Su formación y cualificación.

39. Los empleados públicos no podrán contraer obligaciones económicas ni intervenir en operaciones financieras, obligaciones patrimoniales o negocios jurídicos con personas o entidades cuando, respecto a las obligaciones de su puesto público, puedan suponer:

a) Un conflicto de intereses.
b) Una segunda ocupación.
c) Una distracción de sus intereses.

40. ¿Cuál de los siguientes es un principio de conducta de los empleados públicos?

a) Cumplir con diligencia las tareas que les correspondan o se les encomienden y, en su caso, resolver dentro de plazo los procedimientos o expedientes de su competencia.
b) No aceptar ningún trato de favor o situación que implique privilegio o ventaja injustificada, por parte de personas físicas o entidades privadas.
c) Realizar el desempeño de las tareas correspondientes a su puesto de trabajo de forma diligente y cumpliendo la jornada y el horario establecidos.

41. Las faltas disciplinarias muy graves prescriben:

a) Al año.
b) A los 3 años.
c) A los 5 años.

42. La suspensión provisional como medida cautelar en la tramitación de un expediente disciplinario no podrá exceder, salvo en caso de paralización del procedimiento imputable al interesado, de:

a) 6 meses.
b) 12 meses.
c) 18 meses.

43. La violación de la imparcialidad, utilizando las facultades atribuidas para influir en procesos electorales de cualquier naturaleza y ámbito, se considera una falta:

a) Muy grave.
b) Grave.
c) Leve.

44. La potestad disciplinaria se ejercerá de acuerdo, entre otros, con el principio de:

a) Irretroactividad de las disposiciones sancionadoras favorables al presunto infractor.
b) Proporcionalidad aplicable a las sanciones pero no a la clasificación de las faltas.
c) Legalidad y tipicidad de las faltas y sanciones, a través de la predeterminación normativa y, en el caso del personal laboral, de los convenios colectivos.

45. Se considera falta muy grave de los empleados públicos:

a) El incumplimiento del deber de respeto a la Constitución y a los respectivos Estatutos de Autonomía de las Comunidades Autónomas en el ejercicio de la función pública.
b) El abuso de autoridad en el desempeño de sus funciones.
c) La tolerancia por los superiores jerárquicos de la comisión de faltas muy graves del personal bajo su dependencia.

Solución al test n.º 3

1. a) Real Decreto Legislativo 5/2015, de 30 de octubre.

2. c) Dual de regímenes jurídicos, personal funcionario y personal laboral.

3. c) Aquello que es común al conjunto de los funcionarios de todas las Administraciones Públicas, más las normas legales específicas aplicables al personal laboral a su servicio.

4. c) Supletorio.

5. c) Personal de las Universidades Públicas.

6. b) Adquisición y pérdida de la relación de servicio.

7. b) A los Empleados públicos.

8. c) Personal militar.

9. b) El Derecho Administrativo.

10. c) En el ejercicio de las potestades públicas.

11. a) Permanente.

12. c) Superior a 3 años, ampliable hasta doce meses más por las leyes de Función Pública que se dicten en desarrollo del TR-LEBEP.

13. a) Por plazo máximo de nuevo meses, dentro de un periodo de dieciocho meses.

14. a) Urgencia.

15. c) Que impliquen la participación directa o indirecta en la salvaguardia de los intereses generales del Estado y de las Administraciones Públicas.

16. b) Está limitado por un máximo establecido por los respectivos órganos de gobierno.

17. b) Asesoramiento especial.

18. c) Su cese tendrá lugar, en todo caso, cuando se produzca el de la autoridad a la que se preste la función de confianza o asesoramiento.

19. a) Su designación atenderá a principios de mérito y capacidad.

20. a) La publicidad y concurrencia.

21. a) Imparcialidad y profesionalidad de sus miembros.

22. c) El personal laboral.

23. b) 16 años.

24. c) Podrá solicitar la rehabilitación.

25. c) Cuando el funcionario se encuentre en la situación de excedencia forzosa.

26. c) 6 años.

27. a) A la inamovilidad en la condición de funcionario de carrera.

28. a) Dos años.

29. a) La evaluación del desempeño.

30. b) Las correspondientes leyes de cada Administración Pública.

31. a) No, en ningún caso.

32. b) Servicios especiales.

33. a) Durante los dos primeros meses de esta excedencia.

34. b) Servicio activo.

35. c) Dentro de los límites del ordenamiento jurídico.

36. b) 15 días.

37. a) Las seis semanas inmediatas posteriores al hecho causante.

38. c) Su formación y cualificación.

39. a) Un conflicto de intereses.

40. c) Realizar el desempeño de las tareas correspondientes a su puesto de trabajo de forma diligente y cumpliendo la jornada y el horario establecidos.

41. b) A los 3 años.

42. a) 6 meses.

43. a) Muy grave.

44. d) Legalidad y tipicidad de las faltas y sanciones, a través de la predeterminación normativa y, en el caso del personal laboral, de los convenios colectivos.

45. a) El incumplimiento del deber de respeto a la Constitución y a los respectivos Estatutos de Autonomía de las Comunidades Autónomas en el ejercicio de la función pública.

TEST N.º 4

Ley 31/1995, de 8 de noviembre de Prevención de Riesgos Laborales: Delegados/as de prevención. Comités de seguridad y salud. Especial referencia a la prevención de riesgos laborales del Acuerdo Convenio en vigor sobre condiciones de trabajo comunes al personal funcionario y laboral del Ayuntamiento de Madrid y de sus Organismos Autónomos. Representación de los empleados públicos

1. Los representantes de los trabajadores con competencia en materia de prevención de riesgos laborales son:

a) Los miembros de la Junta de personal, Junta Facultativo y Junta de Enfermería.
b) Los técnicos de prevención de riesgos laborales.
c) Los delegados de prevención.

2. ¿Cuál es la vigente Ley de Prevención de Riesgos Laborales?

a) Ley 31/1995, de 8 de noviembre.
b) Ley 30/1996, de 8 de noviembre.
c) Ley 31/1995, de 6 de noviembre.

3. ¿Qué se entiende por "riesgo laboral"?

a) La posibilidad de que un trabajador sufra un determinado daño derivado del trabajo.
b) La posibilidad de que un trabajador sufra una enfermedad en el trabajo.
c) La posibilidad de que un trabajador sufra acoso.

4. Indica cuál es la definición de prevención:

a) La probabilidad racional de que un riesgo se materialice de forma inminente.
b) El estudio de los procesos potencialmente peligrosos para el trabajo.
c) Conjunto de actividades o medidas adoptadas o previstas en todas las fases de actividad de la empresa con el fin de evitar o disminuir los riesgos derivados del trabajo.

5. Definición de «equipo de protección individual»:

a) Cualquier equipo que permita realizar el trabajo con seguridad y comodidad.

b) Cualquier equipo de uso exclusivo de un trabajador para su protección y que esté homologado.

c) Cualquier equipo destinado a ser llevado o sujetado por el trabajador para que le proteja de uno o varios riesgos que puedan amenazar su seguridad o su salud en el trabajo.

6. ¿Cuántos delegados de prevención se deberán elegir en empresas entre 3001 y 4000 trabajadores?

a) 5.

b) 6.

c) 7.

7. En las empresas de hasta 30 trabajadores el Delegado de Prevención será:

a) El propio empresario.

b) El delegado de personal.

c) El trabajador de mayor cualificación.

8. El órgano paritario y colegiado de participación destinado a la consulta regular y periódica de las actuaciones de la empresa en materia de prevención de riesgos, es:

a) El Comité de Empresa.

b) El Comité de Seguridad y Salud.

c) La Comisión de Evaluación de Riesgos Laborales.

9. Según establece el art. 4 de la Ley 31/1995, de 8 de noviembre, de Prevención de Riesgos Laborales, se define como daños derivados del trabajo:

a) La posibilidad de que un trabajador sufra un determinado daño derivado del trabajo.

b) El que resulte probable racionalmente que se materialice en un futuro inmediato y pueda suponer un daño grave para la salud de los trabajadores.

c) Las enfermedades, patologías o lesiones sufridas con motivo u ocasión del trabajo.

10. Señala la respuesta incorrecta en relación con el art. 35 de la LPRL:

a) Los Delegados de Prevención son los representantes de los trabajadores con funciones específicas en materia de prevención de riesgos en el trabajo.

b) Los Delegados de Prevención serán designados por y entre los representantes del personal.

c) En las empresas de treinta y un trabajadores el Delegado de Prevención será el Delegado de Personal.

11. El objeto y carácter de la norma de la Ley 31/95 de Prevención de Riesgos Laborales dice:

a) La presente ley tiene por objeto promover la salud de los trabajadores mediante la aplicación de medidas y el desarrollo de las actividades necesarias para la prevención de riesgos derivados del trabajo.

b) La presente ley tiene por objeto promover la seguridad y la salud de los trabajadores mediante la aplicación de medidas y el desarrollo de las actividades necesarias para la prevención de riesgos derivados del trabajo.

c) La presente ley tiene por objeto promover la seguridad de los trabajadores mediante la aplicación de medidas y el desarrollo de las actividades necesarias para la prevención de riesgos derivados del trabajo.

12. Los Delegados de Prevención:

a) Son representantes de los sindicatos con funciones específicas en materia de prevención de riesgos laborales.

b) Son representantes de la empresa con funciones específicas en materia de prevención de riesgos laborales.

c) Son representantes de los trabajadores con funciones específicas en materia de prevención de riesgos laborales.

13. Según la Ley de Prevención de Riesgos Laborales, se considerarán como "daños derivados del trabajo":

a) Las lesiones sufridas en accidentes de trabajo.

b) Las enfermedades, patologías o lesiones sufridas con motivo u ocasión del trabajo.

c) Las enfermedades profesionales.

14. Se considera como "condición de trabajo"

a) Cualquier característica del trabajo que pueda tener una influencia significativa en la generación de riesgos para la seguridad y la salud del trabajador, quedando excluidas las características generales de los locales e instalaciones, existentes en el centro de trabajo.

b) La naturaleza de los agentes físicos, químicos y biológicos presentes en el ambiente de trabajo y sus correspondientes intensidades, concentraciones o niveles de presencia además de las instalaciones, incluidas las características organizativas del trabajo.

c) Todas aquellas características del trabajo, excluidas las relativas a su organización y ordenación, que influyan en la magnitud de los riesgos a que esté expuesto el trabajador.

15. La Ley de Prevención de Riesgos Laborales establece con respecto al Comité de Seguridad y Salud que:

a) Se constituirá uno en todas las empresas o centros de trabajo que cuenten con más de 30 trabajadores.

b) Se reunirá trimestralmente y siempre que lo solicite alguna de las representaciones en el mismo.

c) En sus reuniones participarán, con voz pero sin voto, los Delegados de Prevención.

16. Señala la respuesta incorrecta:

a) La Ley de Prevención de Riesgos Laborales se aplica a los operativos de Seguridad civil en casos de catástrofe.

b) La Ley de Prevención de Riesgos Laborales se aplica a las sociedades cooperativas.

c) En los establecimientos penitenciarios, se adaptarán a la Ley de Prevención de Riesgos Laborales aquellas actividades cuyas características justifiquen una regulación especial.

17. ¿Qué artículo de la Constitución Española indica que los poderes públicos deben velar por la seguridad e higiene en el trabajo?

a) El artículo 28.

b) El artículo 35.

c) El artículo 40.

18. Para calificar un riesgo desde el punto de vista de su gravedad, se valorarán conjuntamente la severidad del daño y:

a) La probabilidad de que se produzca.

b) La cantidad de trabajadores de la empresa.

c) La existencia o no de equipos individuales de protección.

19. Las disposiciones de carácter laboral contenidas en la Ley 31/1995 y en sus normas reglamentarias tendrán en todo caso el carácter de:

a) Derecho necesario mínimo disponible.

b) Derecho necesario máximo disponible.

c) Derecho necesario mínimo indisponible.

20. La Ley 31/1995 tiene por objeto la determinación del cuerpo básico de .... y responsabilidades preciso para establecer un adecuado nivel de protección de la salud de los trabajadores frente a los riesgos derivados de las condiciones de trabajo. Señala la palabra que falta:

a) Derechos.

b) Obligaciones.

c) Garantías.

21. La Ley 31/1995 y sus normas de desarrollo son de aplicación en el siguiente ámbito o actividad:

a) Policía, seguridad y resguardo aduanero.

b) Sociedades cooperativas en las que existan socios cuya actividad consista en la prestación de un trabajo personal.

c) Servicios operativos de protección civil y peritaje forense en los casos de grave riesgo, catástrofe y calamidad pública.

22. Se consideran procesos potencialmente peligrosos:

a) Aquellos que, en ausencia de medidas preventivas específicas, originen riesgos para la seguridad y la salud de los trabajadores que los desarrollan o utilizan.

b) Cualquier característica del mismo que pueda tener una influencia significativa en la generación de riesgos para la seguridad y la salud del trabajador.

c) Aquellos que, en presencia de medidas preventivas específicas, originen riesgos para la seguridad y la salud de los trabajadores que los desarrollan o utilizan.

23. En el caso de exposición a agentes susceptibles de causar daños graves a la salud de los trabajadores, se considerará que existe un riesgo grave e inminente:

a) Cuando sea improbable racionalmente que se materialice en un futuro inmediato una exposición a dichos agentes de la que puedan derivarse daños graves para la salud, aun cuando estos puedan manifestarse de forma inmediata.

b) Cuando sea probable racionalmente que se materialice en un futuro inmediato una exposición a dichos agentes de la que puedan derivarse daños graves para la salud, siempre que estos se manifiesten de forma inmediata.

c) Cuando sea probable racionalmente que se materialice en un futuro inmediato una exposición a dichos agentes de la que puedan derivarse daños graves para la salud, aun cuando estos no se manifiesten de forma inmediata.

24. Toda lesión corporal que el trabajador sufra con ocasión o por consecuencia del trabajo que ejecute por cuenta ajena, se considera:

a) Enfermedad profesional.
b) Accidente de trabajo.
c) Condición de trabajo.

25. Los Delegados de Prevención:

a) Serán designados por el personal entre los representantes del personal.
b) Serán designados por los representantes del personal entre el personal.
c) Serán designados por y entre los representantes del personal.

26. ¿A qué tipo de Empresas correspondería una representación de 6 Delegados de Prevención?

a) Empresas de 501 a 1.000 trabajadores.
b) Empresas de 2.001 a 3.000 trabajadores.
c) Empresas de 4.001 trabajadores en adelante.

27. El Delegado de Prevención será el Delegado de Personal en todas aquellas empresas con el siguiente número de trabajadores:

a) Empresas de hasta 30 trabajadores.
b) Empresas de hasta 49 trabajadores.
c) Empresas de 31 a 49 trabajadores.

28. En las empresas de 50 a 100 trabajadores se elegirá:

a) Un delegado de prevención.

b) Dos delegados de prevención.

c) Tres delegados de prevención.

29. Conforme al artículo 36 de la Ley 31/1995, es una función de los Delegados de Prevención:

a) Controlar la acción preventiva de la dirección de la empresa.

b) Promover y fomentar la cooperación de los trabajadores en la redacción de la normativa sobre prevención de riesgos laborales.

c) Ejercer una labor de vigilancia y control sobre el cumplimiento de la normativa de prevención de riesgos laborales.

30. En el ejercicio de las competencias atribuidas a los Delegados de Prevención, estos estarán facultados para:

a) Ser informados por el empresario sobre los daños producidos en la salud de los trabajadores una vez que aquel hubiese tenido conocimiento de ellos, presentándose, siempre dentro de su jornada laboral, en el lugar de los hechos para conocer las circunstancias de los mismos.

b) Informar al empresario sobre los daños producidos en la salud de los trabajadores una vez que hubiesen tenido conocimiento de ellos.

c) Ser informados por el empresario sobre los daños producidos en la salud de los trabajadores una vez que aquel hubiese tenido conocimiento de ellos, pudiendo presentarse, aun fuera de su jornada laboral, en el lugar de los hechos para conocer las circunstancias de los mismos.

31. En el ejercicio de las competencias atribuidas a los Delegados de Prevención, estos estarán facultados para:

a) Realizar visitas a los lugares de trabajo para ejercer una labor de vigilancia y control del estado de las condiciones de trabajo, debiendo, a tal fin, acceder a cualquier zona de los mismos y comunicarse fuera de la jornada con los trabajadores, de manera que no se altere el normal desarrollo del proceso productivo.

b) Informar al empresario de la adopción de medidas de carácter preventivo tomadas para la mejora de los niveles de protección de la seguridad y la salud de los trabajadores.

c) Proponer al órgano de representación de los trabajadores la adopción del acuerdo de paralización de actividades.

32. Los informes que deban emitir los Delegados de Prevención a tenor de las consultas preceptivas del empresario referidas a riesgos no inminentes, tendrán que elaborarse en un plazo de:

a) 15 días.

b) 20 días.

c) 1 mes.

33. ¿En qué tipo de empresas los Delegados de Prevención dispondrán de un crédito de 20 horas mensuales retribuidas para el ejercicio de sus funciones de representación?

a) Empresas de hasta 100 trabajadores.
b) Empresas de 101 a 250 trabajadores.
c) Empresas de 501 a 750 trabajadores.

34. Según el artículo 37.2 de la Ley 31/1995, es cierto que:

a) El empresario deberá proporcionar a los Delegados de Prevención los medios y la formación en materia preventiva que resulten necesarios para el ejercicio de sus funciones.
b) En todo caso, la formación se deberá facilitar por el empresario por sus propios medios y deberá adaptarse a la evolución de los riesgos y a la aparición de otros nuevos, repitiéndose periódicamente si fuera necesario.
c) El tiempo dedicado a la formación será considerado como tiempo de trabajo a todos los efectos y pudiendo recaer su coste sobre los Delegados de Prevención.

35. ¿Cuántos miembros tendrá el Comité de Seguridad y Salud de una empresa que tiene entre 1.001 y 2.000 trabajadores?

a) Cinco.
b) Diez.
c) Catorce.

36. Se constituirá un Comité de Seguridad y Salud en todas las empresas o centros de trabajo que cuenten con al menos:

a) 10 trabajadores.
b) 30 trabajadores.
c) 50 trabajadores.

37. Los/las delegados/as de prevención, como representantes de los/as trabajadores/as en materia de prevención de riesgos:

a) Realizarán vigilancia y control sobre el cumplimiento de la normativa de prevención de riesgos laborales.
b) Proporcionarán a los trabajadores los medios y formación necesaria en materia preventiva.
c) Participarán con voz, pero sin voto, en el Comité de Seguridad y Salud.

38. La organización de los recursos necesarios para el desarrollo de las actividades preventivas en la Administración Municipal de Madrid se realizará en la modalidad de:

a) Servicio de prevención ajeno.
b) Servicio de prevención mancomunado.
c) Servicio de prevención propio.

39. De forma progresiva durante la vigencia del Acuerdo-Convenio sobre condiciones de trabajo comunes al personal funcionario y laboral del Ayuntamiento de Madrid y de sus Organismos Autónomos para el período 2019-2022, se tenderá a que la oferta formativa de los Delegados de Prevención amplíe el número de horas de las acciones de formación básica hasta las:

a) 20 horas.
b) 40 horas.
c) 60 horas.

40. El Ayuntamiento de Madrid, como Administración, está representada en el Comité de Seguridad y Salud por:

a) 5 representantes.
b) 10 representantes.
c) 15 representantes.

41. Forman parte del Comité de Seguridad y Salud del Ayuntamiento de Madrid y sus Organismos Autónomos:

a) Todos los Delegados de Prevención del Ayuntamiento y sus organismos autónomos.
b) La mitad de los Delegados de Prevención del Ayuntamiento y sus organismos autónomos.
c) Quince de los Delegados de Prevención del Ayuntamiento y sus organismos autónomos.

42. ¿Cuántos Asesores podrán participar en las reuniones del Comité de Seguridad y Salud del Ayuntamiento de Madrid y sus Organismos Autónomos, por las Organizaciones Sindicales representadas en el mismo?

a) Uno por cada Organización Sindical.
b) Dos por cada Organización Sindical.
c) Dos, en total.

43. El sistema de prevención del Ayuntamiento de Madrid será sometido a control mediante auditorías o evaluaciones:

a) Cada año.
b) Cada 2 años.
c) Cada 4 años.

44. Conforme al Acuerdo-Convenio sobre condiciones de trabajo comunes al personal funcionario y laboral del Ayuntamiento de Madrid y de sus Organismos Autónomos para el período 2019-2022, ¿cuántos Delegados de prevención corresponden al organismo Madrid Salud?

a) 4.
b) 6.
c) 7.

45. ¿Cuántos Delegados/as de Prevención designados proporcionalmente entre quienes ostenten esta condición habrá en el Comité de Seguridad y Salud del Ayuntamiento de Madrid?

a) 12.
b) 15.
c) 21.

Solución al test n.º 4

1. c) Los delegados de prevención.

2. a) Ley 31/1995, de 8 de noviembre.

3. a) La posibilidad de que un trabajador sufra un determinado daño derivado del trabajo.

4. c) Conjunto de actividades o medidas adoptadas o previstas en todas las fases de actividad de la empresa con el fin de evitar o disminuir los riesgos derivados del trabajo.

5. c) Cualquier equipo destinado a ser llevado o sujetado por el trabajador para que le proteja de uno o varios riesgos que puedan amenazar su seguridad o su salud en el trabajo.

6. c) 7.

7. b) El delegado de personal.

8. b) El Comité de Seguridad y Salud.

9. c) Las enfermedades, patologías o lesiones sufridas con motivo u ocasión del trabajo.

10. c) En las empresas de treinta y un trabajadores el Delegado de Prevención será el Delegado de Personal.

11. b) La presente ley tiene por objeto promover la seguridad y la salud de los trabajadores mediante la aplicación de medidas y el desarrollo de las actividades necesarias para la prevención de riesgos derivados del trabajo.

12. c) Son representantes de los trabajadores con funciones específicas en materia de prevención de riesgos laborales.

13. b) Las enfermedades, patologías o lesiones sufridas con motivo u ocasión del trabajo.

14. b) La naturaleza de los agentes físicos, químicos y biológicos presentes en el ambiente de trabajo y sus correspondientes intensidades, concentraciones o niveles de presencia además de las instalaciones, incluidas las características organizativas del trabajo.

15. b) Se reunirá trimestralmente y siempre que lo solicite alguna de las representaciones en el mismo.

16. a) La Ley de Prevención de Riesgos Laborales se aplica a los operativos de Seguridad civil en casos de catástrofe.

17. c) El artículo 40.

18. a) La probabilidad de que se produzca.

19. c) Derecho necesario mínimo indisponible.

20. c) Garantías.

21. b) Sociedades cooperativas en las que existan socios cuya actividad consista en la prestación de un trabajo personal.

22. a) Aquellos que, en ausencia de medidas preventivas específicas, originen riesgos para la seguridad y la salud de los trabajadores que los desarrollan o utilizan.

23. c) Cuando sea probable racionalmente que se materialice en un futuro inmediato una exposición a dichos agentes de la que puedan derivarse daños graves para la salud, aun cuando estos no se manifiesten de forma inmediata.

24. b) Accidente de trabajo.

25. c) Serán designados por y entre los representantes del personal.

26. b) Empresas de 2.001 a 3.000 trabajadores.

27. a) Empresas de hasta 30 trabajadores.

28. b) Dos delegados de prevención.

29. c) Ejercer una labor de vigilancia y control sobre el cumplimiento de la normativa de prevención de riesgos laborales.

30. c) Ser informados por el empresario sobre los daños producidos en la salud de los trabajadores una vez que aquel hubiese tenido conocimiento de ellos, pudiendo presentarse, aun fuera de su jornada laboral, en el lugar de los hechos para conocer las circunstancias de los mismos.

31. c) Proponer al órgano de representación de los trabajadores la adopción del acuerdo de paralización de actividades.

32. a) 15 días.

33. b) Empresas de 101 a 250 trabajadores.

34. a) El empresario deberá proporcionar a los Delegados de Prevención los medios y la formación en materia preventiva que resulten necesarios para el ejercicio de sus funciones.

35. b) Diez.

36. c) 50 trabajadores.

37. a) Realizarán vigilancia y control sobre el cumplimiento de la normativa de prevención de riesgos laborales.

38. c) Servicio de prevención propio.

39. c) 60 horas.

40. c) 15 representantes.

41. c) Quince de los Delegados de Prevención del Ayuntamiento y sus organismos autónomos.

42. b) Dos por cada Organización Sindical.

43. c) Cada 4 años.

44. c) 7.

45. b) 15.

TEST N.º 5

Ley Orgánica 3/2007, de 22 de marzo, para la igualdad efectiva de mujeres y hombres: objeto y ámbito de la ley. El principio de igualdad y la tutela contra la discriminación. El Plan de Igualdad entre mujeres y hombres del Ayuntamiento de Madrid y sus Organismos Autónomos en vigor: ámbito municipal; estructura; objetivo general; líneas de intervención y objetivos específicos

1. El principio de igualdad de trato y de oportunidades entre mujeres y hombres:

a) Solo se aplica en el ámbito del empleo público.
b) Se garantizará incluso en el acceso al trabajo por cuenta propia.
c) No se aplica en la afiliación y participación en organizaciones sindicales o empresariales.

2. ¿Qué artículo de la Constitución Española consagra la igualdad de todos los españoles ante la ley?

a) El artículo 8.
b) El artículo 14.
c) El artículo 21.

3. Según su artículo 1, la LO 3/2007 tiene por objeto hacer efectivo el derecho de:

a) Conciliación de la vida laboral y familiar de mujeres y hombres.
b) Igualdad de trato y de oportunidades entre mujeres y hombres.
c) Participación en los asuntos públicos en igualdad de condiciones.

4. Las obligaciones establecidas en la LO 3/2007 son de aplicación a:

a) A toda persona, física o jurídica, que se encuentre o actúe en territorio español, cualquiera que fuese su nacionalidad, domicilio o residencia.
b) A todos los ciudadanos españoles, ya sea en territorio español o territorio de cualquier país extranjero.
c) A toda persona, física o jurídica, que se encuentre o actúe en territorio español, con nacionalidad española.

5. Señala la opción incorrecta. Según el artículo 3 de la LO 3/2007, el principio de igualdad de trato entre mujeres y hombres supone la ausencia de toda discriminación, directa o indirecta, por razón de sexo, y especialmente, las derivadas de:

a) La maternidad.
b) La tendencia sexual.
c) La asunción de obligaciones familiares.

6. Según el artículo 4 de la LO 3/2007, la igualdad de trato y de oportunidades entre mujeres y hombres:

a) Es un deber de las Administraciones Públicas.
b) Es una fuente formal del Derecho.
c) Es un principio informador del ordenamiento jurídico.

7. El principio de igualdad de trato y de oportunidades entre mujeres y hombres:

a) Sólo se aplica en el ámbito del empleo público.
b) Se garantizará incluso en el acceso al trabajo por cuenta propia.
c) Se garantizará en los términos que prevean los convenios colectivos.

8. Una diferencia de trato basada en una característica relacionada con el sexo, ¿constituye discriminación en el acceso al empleo?

a) Sí, en todo caso.
b) No, siempre que la formación necesaria se base en dicha característica.
c) No, si debido a la naturaleza de las actividades profesionales concretas o al contexto en el que se lleven a cabo, dicha característica constituye un requisito profesional esencial y determinante, siempre y cuando el objetivo sea legítimo y el requisito proporcionado.

9. La situación en que se encuentra una persona que sea, haya sido o pudiera ser tratada, en atención a su sexo, de manera menos favorable que otra en situación comparable, se considera:

a) Discriminación directa.
b) Acoso sexual.
c) Discriminación indirecta.

10. En virtud del artículo 6.2 de la LO 3/2007, la situación en que una disposición, criterio o práctica aparentemente neutros pone a personas de un sexo en desventaja particular con respecto a personas del otro:

a) En cualquier caso constituirá discriminación directa.
b) En cualquier caso constituirá discriminación indirecta.
c) No se considera discriminación indirecta si dicha disposición, criterio o práctica pueden justificarse objetivamente en atención a una finalidad legítima y los medios para alcanzar dicha finalidad son necesarios y adecuados.

11. Conforme al artículo 6.3 de la LO 3/2007, toda orden de discriminar por razón de sexo:

a) Solo se considera discriminatoria si se ordena discriminar directamente.
b) En ningún caso se puede considerar discriminatoria.
c) En cualquier caso se considera discriminatoria, sea directa o indirecta.

12. En relación con el acoso sexual y el acoso por razón de sexo:

a) La LO 3/2007 equipara ambos conceptos.
b) La diferencia entre ambos radica en que, mientras el primero se circunscribe al ámbito de lo sexual, el segundo supone un tipo de situaciones laborales discriminatorias mucho más amplias, sin tener por qué existir intencionalidad sexual por parte de la persona agresora.
c) Se diferencian en que el primero supone que hay rechazo por parte de la víctima.

13. A los efectos de la LO 3/2007, definimos como acoso sexual:

a) La situación en que una disposición, criterio o práctica aparentemente neutros pone a personas de un sexo en desventaja particular con respecto a personas del otro, salvo que dicha disposición, criterio o práctica puedan justificarse objetivamente en atención a una finalidad legítima y que los medios para alcanzar dicha finalidad sean necesarios y adecuados.
b) Cualquier comportamiento, verbal o físico, de naturaleza sexual que tenga el propósito o produzca el efecto de atentar contra la dignidad de una persona, en particular cuando se crea un entorno intimidatorio, degradante u ofensivo.
c) Todo trato desfavorable a las mujeres relacionado con el embarazo o la maternidad.

14. Conforme al artículo 7.4 de la LO 3/2007, el condicionamiento de un derecho o de una expectativa de derecho a la aceptación de una situación constitutiva de acoso sexual o de acoso por razón de sexo se considerará:

a) Acto de discriminación por razón de sexo.
b) Creación de un entorno intimidatorio, degradante u ofensivo.
c) Anulable y sin efecto.

15. Según el artículo 8 de la LO 3/2007, todo trato desfavorable a las mujeres relacionado con el embarazo o la maternidad constituye:

a) Acoso sexual.
b) Acoso por razón de sexo.
c) Discriminación directa por razón de sexo.

16. En virtud del artículo 9 de la LO 3/2007, cualquier trato adverso o efecto negativo que se produzca en una persona como consecuencia de la presentación por su parte de queja, reclamación, denuncia, demanda o recurso, de cualquier tipo, destinados a impedir su discriminación y a exigir el cumplimiento efectivo del principio de igualdad de trato entre mujeres y hombres, se considerará:

a) Discriminación directa.
b) Discriminación por razón de sexo.
c) Injustificado.

17. Según el artículo 10 de la LO 3/2007, los actos y las cláusulas de los negocios que constituyan o causen discriminación por razón de sexo darán lugar a responsabilidades a través de un sistema de reparaciones o indemnizaciones que sean (señala la respuesta incorrecta):

a) Reales.
b) Disuasivas.
c) Proporcionadas al perjuicio sufrido.

18. Para prevenir la realización de conductas discriminatorias en los actos y las cláusulas de los negocios jurídicos, el artículo 10 de la LO 3/2007 prevé la existencia de un sistema de sanciones eficaz y:

a) Proporcionado.
b) Disuasorio.
c) Cuantificable.

19. Con el fin de hacer efectivo el derecho constitucional de la igualdad, los Poderes Públicos adoptarán medidas específicas en favor de las mujeres para corregir situaciones patentes de desigualdad de hecho respecto de los hombres. Tales medidas, que serán aplicables en tanto subsistan dichas situaciones, habrán de ser en relación con el objetivo perseguido en cada caso razonables y:

a) Justificadas.
b) Transparentes.
c) Proporcionadas.

20. Conforme al artículo 12 de la LO 3/2007, cualquier persona podrá recabar de los tribunales la tutela del derecho a la igualdad entre mujeres y hombres, de acuerdo con lo establecido en el artículo 53.2 de la Constitución:

a) Siempre que la relación en la que supuestamente se produce la discriminación se encuentre vigente.
b) Incluso tras la terminación de la relación en la que supuestamente se ha producido la discriminación.
c) Siempre que se haya dado por terminada la relación en la que supuestamente se produce la discriminación.

21. La capacidad y la legitimación para intervenir en los procesos civiles, sociales y contencioso-administrativos que versen sobre la defensa del derecho de igualdad entre mujeres y hombres, corresponden a:

a) La persona acosada, únicamente.
b) Cualquier ciudadano.
c) Las personas físicas y jurídicas con interés legítimo.

22. La persona acosada será la única legitimada en los litigios:

a) Sobre discriminación directa.
b) Sobre acoso sexual y acoso por razón de sexo.
c) Sobre acoso sexual únicamente.

23. ¿En cuál de las siguientes jurisdicciones la carga de la prueba de no discriminación NO pesa sobre el demandado?

a) Jurisdicción penal.
b) Jurisdicción civil.
c) Jurisdicción contencioso-administrativa.

24. De acuerdo con las leyes procesales, en aquellos procedimientos en los que las alegaciones de la parte actora se fundamenten en actuaciones discriminatorias, por razón de sexo, corresponderá a la persona demandada probar la ausencia de discriminación en las medidas adoptadas y su proporcionalidad. A tales efectos, el órgano judicial:

a) A instancia de parte, podrá recabar, si lo estimase útil y pertinente, informe o dictamen de los organismos públicos competentes.
b) Deberá recabar informe o dictamen de los organismos públicos competentes.
c) De oficio, podrá recabar, si lo estimase útil y pertinente, informe o dictamen de los organismos públicos competentes.

25. El Real Decreto-ley 6/2019, de 1 de marzo, de medidas urgentes para garantía de la igualdad de trato y de oportunidades entre mujeres y hombres en el empleo y la ocupación, extendió la exigencia de redacción de los planes de igualdad a empresas de:

a) 10 o más trabajadores.
b) 25 o más trabajadores.
c) 50 o más trabajadores.

26. ¿A través de cuántas líneas de intervención se estructuran las acciones del III Plan de Igualdad entre Mujeres y Hombres del Ayuntamiento de Madrid?

a) 3.
b) 5.
c) 7.

27. El I Plan de Igualdad entre Mujeres y Hombres del Ayuntamiento de Madrid y sus OO.AA. ha estado vigente durante el periodo:

a) 2016-2019.
b) 2017-2020.
c) 2017-2019.

28. El Plan de Igualdad tendrá un ámbito de actuación que se extiende a:

a) La totalidad del personal que tenga una relación contractual laboral y/o estatutaria con el Ayuntamiento de Madrid y sus OO.AA. y a todos sus centros de trabajo.
b) Todo el personal laboral cuyo centro de trabajo sea el Ayuntamiento de Madrid.
c) Al personal que esté representado por las Organizaciones Sindicales legitimadas.

29. El periodo de vigencia del II Plan de Igualdad entre mujeres y hombres del Ayuntamiento de Madrid y sus OO.AA. era de:

a) Un año.
b) Dos años.
c) Tres años.

30. El objetivo general del III Plan de Igualdad entre mujeres y hombres del Ayuntamiento de Madrid y sus OO.AA. es:

a) Remover todos los obstáculos para un correcto ejercicio del desempeño laboral de mujeres y hombres.
b) Promover la igualdad de oportunidades entre la población madrileña.
c) Avanzar en la igualdad entre mujeres y hombres en el Ayuntamiento de Madrid y sus organismos autónomos.

31. ¿Cuáles son los instrumentos del III Plan de Igualdad que permiten aportar un soporte estructural a dicho Plan?

a) Las medidas.
b) Los objetivos específicos.
c) Las líneas de intervención.

32. Las actuaciones que orientan el III Plan de Igualdad se estructuran a través de varias líneas de intervención. Señala la que no corresponda:

a) Las personas.
b) Los principios.
c) La comunicación.

33. Las medidas que sirven de guía de la política municipal en materia de Igualdad se concretan en:

a) Los objetivos específicos.
b) El objetivo general.
c) Las líneas de intervención.

34. La responsabilidad de la implementación del III Plan de Igualdad recae sobre:

a) Las áreas de gobierno del Ayuntamiento de Madrid fundamentalmente.
b) Las organizaciones sindicales que representan al personal del Ayuntamiento de Madrid.
c) Todas las áreas de gobierno, organismos autónomos y distritos.

35. Indica cuál de los siguientes objetivos específicos corresponde a la línea de intervención "La institución":

a) Fomentar la igualdad en el acceso al empleo y promoción interna.
b) Incorporar el principio de igualdad en la gestión y la organización municipal.
c) Eliminar el sexismo y los estereotipos de género.

36. La comunicación como línea de intervención del III Plan de Igualdad incluye la:

a) Eliminación del sexismo y los estereotipos de género.
b) La incorporación del principio de igualdad en la gestión y la organización municipal.
c) La implementación, seguimiento, evaluación y difusión del Plan.

37. Como medida para lograr la incorporación del principio de igualdad en la gestión y la organización municipal, el Ayuntamiento:

a) Realizará una actualización del diagnóstico de situación con una periodicidad bienal.
b) Difundirá la Guía para el uso inclusivo del Lenguaje en el Ayuntamiento de Madrid y sus OO.AA.
c) Garantizará la inclusión de las cláusulas de igualdad en los pliegos de condiciones de las contrataciones realizadas a empresas externas del Ayuntamiento y sus OO.AA, en materias de gestión interna.

38. Una de las gestiones a realizar para eliminar el sexismo y los estereotipos de género en el Ayuntamiento de Madrid será:

a) Desarrollar campañas de corresponsabilidad dirigidas a la plantilla municipal.
b) Actualizar el espacio de igualdad en Ayre.
c) Revisar el Protocolo para la prevención, detección y actuación frente al acoso sexual, acoso por razón de sexo u orientación sexual e identidad y expresión de género del Ayuntamiento de Madrid y sus Organismos Autónomos.

39. Prevenir e intervenir en situaciones de especial protección: acoso sexual, por razón de sexo u orientación sexual e identidad y expresión de género, y violencia de género será un objetivo específico de la línea de intervención del III Plan:

a) Las personas.
b) La institución.
c) La comunicación.

40. El seguimiento de la ejecución de las medidas y cumplimiento de los objetivos del III Plan de Igualdad entre mujeres y hombres del Ayuntamiento de Madrid y sus OO.AA. se realizará en:

a) La Dirección General de Función Pública.
b) Los distritos y organismos autónomos.
c) La Comisión de Igualdad.

41. *"Garantizar la igualdad de oportunidades de las mujeres en la concesión de distinciones"* es, para el III Plan de Igualdad:

a) Una medida para conseguir un objetivo específico.
b) Un objetivo específico.
c) Una línea de actuación.

42. Dentro del III Plan, una medida para suprimir el sexismo y la estereotipación, es:

a) Revisar y corregir, desde la perspectiva de género y el lenguaje inclusivo, la denominación de los puestos de trabajo, categorías, requisitos, titulaciones y descripción de funciones.
b) Incluir acciones positivas en los criterios de desempate en las candidaturas, al final del proceso de adjudicación de puestos en procesos de provisión, cuando exista infrarrepresentación.
c) Mantener la inclusión de cursos de formación en lenguaje inclusivo dirigidos a gabinetes de prensa y unidades de comunicación, y fomentar la asistencia del personal directivo y de recursos humanos.

43. Según el III Plan, a qué objetivo específico se dirige la medida: "Actualizar el espacio de igualdad en Ayre, dando visibilidad a mujeres de la plantilla municipal cuya trayectoria pueda ser representativa en materia de igualdad y mantener un buzón para recibir aportaciones, sugerencias, etc., sobre igualdad de género":

a) Alcanzar la paridad en la representación.
b) Utilizar un lenguaje inclusivo y no discriminatorio.
c) Fomentar la igualdad en el acceso al empleo y promoción interna.

44. El III Plan de Igualdad propone la medida "Trasladar a la Comisión de igualdad un informe anual sobre las denuncias presentadas por acoso laboral desagregado por sexo" para el siguiente objetivo específico:

a) Prevenir e intervenir en situaciones de especial protección: acoso sexual, por razón de sexo u orientación sexual e identidad y expresión de género, y violencia de género.
b) Suprimir el sexismo y la estereotipación.
c) Incorporar el principio de igualdad en la gestión y la organización municipal.

45. En qué línea de actuación se encuadra la medida: "Adaptación de uniformes, en aquellos sectores donde se requiera su uso a las características morfológicas de mujeres y hombres, y a personas con percentiles extremos":

a) Las personas.
b) La institución.
c) La comunicación.

Solución al test n.º 5

1. b) Se garantizará incluso en el acceso al trabajo por cuenta propia.

2. b) El artículo 14.

3. b) Igualdad de trato y de oportunidades entre mujeres y hombres.

4. a) A toda persona, física o jurídica, que se encuentre o actúe en territorio español, cualquiera que fuese su nacionalidad, domicilio o residencia.

5. b) La tendencia sexual.

6. c) Es un principio informador del ordenamiento jurídico.

7. b) Se garantizará incluso en el acceso al trabajo por cuenta propia.

8. c) No, si debido a la naturaleza de las actividades profesionales concretas o al contexto en el que se lleven a cabo, dicha característica constituye un requisito profesional esencial y determinante, siempre y cuando el objetivo sea legítimo y el requisito proporcionado.

9. a) Discriminación directa.

10. c) No se considera discriminación indirecta si dicha disposición, criterio o práctica pueden justificarse objetivamente en atención a una finalidad legítima y los medios para alcanzar dicha finalidad son necesarios y adecuados.

11. c) En cualquier caso se considera discriminatoria, sea directa o indirecta.

12. b) La diferencia entre ambos radica en que, mientras el primero se circunscribe al ámbito de lo sexual, el segundo supone un tipo de situaciones laborales discriminatorias mucho más amplias, sin tener por qué existir intencionalidad sexual por parte de la persona agresora.

13. b) Cualquier comportamiento, verbal o físico, de naturaleza sexual que tenga el propósito o produzca el efecto de atentar contra la dignidad de una persona, en particular cuando se crea un entorno intimidatorio, degradante u ofensivo.

14. a) Acto de discriminación por razón de sexo.

15. c) Discriminación directa por razón de sexo.

16. b) Discriminación por razón de sexo.

17. b) Disuasivas.

18. b) Disuasorio.

19. c) Proporcionadas.

20. b) Incluso tras la terminación de la relación en la que supuestamente se ha producido la discriminación.

21. c) Las personas físicas y jurídicas con interés legítimo.

22. b) Sobre acoso sexual y acoso por razón de sexo.

23. a) Jurisdicción penal.

24. a) A instancia de parte, podrá recabar, si lo estimase útil y pertinente, informe o dictamen de los organismos públicos competentes.

25. c) 50 o más trabajadores.

26. a) 3.

27. b) 2017-2020.

28. a) La totalidad del personal que tenga una relación contractual laboral y/o estatutaria con el Ayuntamiento de Madrid y sus OO.AA. y a todos sus centros de trabajo.

29. c) Tres años.

30. c) Avanzar en la igualdad entre mujeres y hombres en el Ayuntamiento de Madrid y sus organismos autónomos.

31. c) Las líneas de intervención.

32. b) Los principios.

33. a) Los objetivos específicos.

34. c) Todas las áreas de gobierno, organismos autónomos y distritos.

35. b) Incorporar el principio de igualdad en la gestión y la organización municipal.

36. a) Eliminación del sexismo y los estereotipos de género.

37. c) Garantizará la inclusión de las cláusulas de igualdad en los pliegos de condiciones de las contrataciones realizadas a empresas externas del Ayuntamiento y sus OO.AA. en materias de gestión interna.

38. a) Desarrollar campañas de corresponsabilidad dirigidas a la plantilla municipal.

39. a) Las personas.

40. c) La Comisión de Igualdad.

41. a) Una medida para conseguir un objetivo específico.

42. a) Revisar y corregir, desde la perspectiva de género y el lenguaje inclusivo, la denominación de los puestos de trabajo, categorías, requisitos, titulaciones y descripción de funciones.

43. b) Utilizar un lenguaje inclusivo y no discriminatorio.

44. a) Prevenir e intervenir en situaciones de especial protección: acoso sexual, por razón de sexo u orientación sexual e identidad y expresión de género, y violencia de género.

45. b) La institución.

TEST
GRUPO II

TEST N.º 6

Ley 11/2003, de 27 de marzo, de Servicios Sociales de la Comunidad de Madrid: competencias autonómicas y locales. Funciones de los servicios sociales de atención primaria. Grupos de población o colectivos incluidos en la aplicación de la ley. Servicios sociales de proximidad o básicos y servicios sociales especializados

1. Como señala su artículo 1, la Ley 12/2022, de 21 de diciembre, de Servicios Sociales de la Comunidad de Madrid tiene por objeto configurar el marco jurídico de los servicios sociales en la Comunidad de Madrid y, en concreto:

a) Promover y garantizar el ejercicio de los derechos subjetivos en esta materia, regulando el marco en el que estos se hacen efectivos en condiciones de igualdad, conformado por la actuación de un sistema público de carácter universal, orientado a la promoción de la autonomía personal, la convivencia familiar, la inclusión social, el desarrollo comunitario y la calidad de la vida de las personas en todas sus etapas.

b) Regular y ordenar el conjunto de prestaciones del Sistema Público de Servicios Sociales de la Comunidad de Madrid, la actividad de las entidades, centros y servicios de atención social y el establecimiento de las actuaciones de inspección y control de la calidad, dirigidas a garantizar que los servicios sociales se presten con los requisitos y niveles de exigencia acordes con la dignidad de las personas y la garantía de sus derechos, así como las condiciones para su participación.

c) Ambas son correctas.

2. ¿En qué Título de la Ley 12/2022, de 21 de diciembre se regula el Catálogo de Prestaciones de Servicios Sociales y la Cartera de Servicios de la Comunidad de Madrid?

a) Título Preliminar.
b) Título I.
c) Título II.

3. ¿A qué se dedica el Título IV de la Ley 12/2022, de 21 de diciembre?

a) Instrumentos técnicos de los servicios sociales.
b) Planificación de los servicios.
c) Calidad de los servicios sociales.

4. Una de las competencias de la Administración de la Comunidad de Madrid, según la Ley 12/2022, de 21 de diciembre es:

a) La provisión y prestación de los servicios de atención especializada.

b) El desarrollo de las funciones de atención social primaria.

c) La concesión de prestaciones económicas individuales de urgencia y emergencia social y de ayudas económicas temporales que tengan por objeto la integración personal.

5. Una de las competencias locales en lo que se refiere a servicios sociales es, según la Ley 12/2022, de 21 de diciembre:

a) La determinación de precios públicos de referencia para la prestación de servicios, la aprobación de las tarifas de servicios, cuando proceda, en el ámbito del Sistema Público de Servicios Sociales, así como la fijación de importes y condiciones de la participación de los usuarios en la financiación de los servicios, en los casos en los que así se prevea.

b) El fomento de la participación ciudadana, el asociacionismo, el voluntariado y otras fórmulas de ayuda mutua, así como el apoyo a los órganos de participación y cooperación previstos en esta ley.

c) La realización de programas de sensibilización social, de fomento de la participación ciudadana, promoción del asociacionismo, del voluntariado y de otras formas de ayuda mutua, en la prevención y resolución de los problemas sociales en el ámbito local.

6. ¿A quién corresponde la elaboración y aprobación del Plan Director de Servicios Sociales?

a) Administración de la Comunidad de Madrid.

b) Municipios de la Comunidad de Madrid.

c) Municipios de la Comunidad de Madrid, integrados en mancomunidades.

7. Según la Ley 12/2022, de 21 de diciembre la situación de carácter excepcional o extraordinario, o de agravamiento de las circunstancias personales o familiares, con incidencia en las condiciones de vulnerabilidad, que requiera una respuesta inmediata por parte del Sistema Público de Servicios Sociales, se considera:

a) Emergencia social.

b) Urgencia social.

c) Intervención especializada.

8. Según la Ley 12/2022, de 21 de diciembre la coordinación con otros sistemas públicos de protección social, tales como salud, pensiones, empleo, educación, igualdad, vivienda y justicia, entre otros, se llevará a cabo mediante:

a) El concierto social.

b) Protocolos de derivación.

c) Registro de entidades sociales.

9. ¿Cuál es la vía normalizada de acceso al Sistema Público de Servicios Sociales?

a) La Atención Social Primaria.
b) La Atención Social Especializada.
c) La derivación desde otros sistemas públicos de protección social, tales como salud, pensiones, empleo, educación, igualdad, vivienda y justicia.

10. Los centros de servicios sociales de atención primaria:

a) Son el equipamiento básico de la Atención Social Primaria.
b) Pueden ser de titularidad pública o privada.
c) Atienden a las necesidades singulares de personas o grupos que requieren la dotación y participación de recursos materiales, técnicos y profesionales, capaces de ofrecer apoyo y soluciones adaptadas al perfil especial de dichas necesidades.

11. Todas son funciones que corresponden al nivel de Atención Social Primaria excepto:

a) Identificación de situaciones y ámbitos sociales de riesgo para el desarrollo de acciones de carácter preventivo y respuesta temprana.
b) Gestionar y equipar los centros y servicios que proporcionan prestaciones especializadas a personas y grupos.
c) Actuación en situaciones de urgencia y emergencia social.

12. El profesional de referencia de acceso a los servicios sociales de atención primaria es:

a) Un auxiliar de Servicios Sociales.
b) Un Trabajador Social.
c) Cualquier miembro del equipo pluridisciplinar.

13. El acceso a los servicios sociales de atención especializada se realizará:

a) A petición del propio interesado previa solicitud.
b) A propuesta de los profesionales de los servicios sociales de atención primaria.
c) Por derivación desde otros sistemas públicos de protección social, tales como salud, pensiones, empleo, educación, igualdad, vivienda y justicia.

14. Según la Ley 12/2022, de 21 de diciembre todos son derechos de la persona que acceda al Sistema Público de Servicios Sociales excepto:

a) Elegir el profesional de referencia que se responsabilizará del seguimiento de su plan personalizado y de la atención social durante las siguientes etapas, si las hubiera, así como del referido a la Historia Social Única.

b) Recibir, en su caso, el apoyo necesario en el ejercicio de su capacidad jurídica, de conformidad con el Código Civil.

c) Disponer de una Historia Social Única, accesible de forma universal para el usuario, el profesional de referencia y aquellos cuya intervención se requiera para prestar una atención personalizada e integral.

15. Uno de los deberes de los usuarios de los servicios sociales, según el artículo 8 de la Ley 12/2022, de 21 de diciembre es:

a) Cumplir las normas, requisitos y procedimientos para el uso y disfrute de las prestaciones, centros y servicios sociales.

b) Destinar las prestaciones recibidas a la finalidad para la que se conceden.

c) Ambas son correctas.

16. Están sujetas para su concesión a la disponibilidad de recursos y a los criterios de prioridad en la asignación que objetivamente se establezcan y de acuerdo con el principio de igualdad. Hablamos de:

a) Prestaciones garantizadas.

b) Prestaciones condicionadas.

c) Prestaciones económicas.

17. ¿Cuál de las siguientes es una prestación garantizada?

a) El seguimiento y la supervisión de adopciones.

b) Alojamiento alternativo.

c) Atención diurna o ambulatoria.

18. Los servicios específicos para la protección social y jurídica de los niños en situación de riesgo o desamparo y en conflicto social, incluido el cumplimiento de medidas judiciales de los menores de edad constituyen una prestación:

a) Condicionada.

b) Garantizada.

c) Cuando hablamos de situación de riesgo, constituye una prestación condicionada. Cuando hablamos de situación de desamparo la prestación es garantizada.

19. Es una prestación económica condicionada:

a) Renta Mínima de Inserción.

b) Compensación económica a las personas acogedoras de menores de edad bajo guarda o tutela de la Comunidad de Madrid.

c) El apoyo para la cobertura de las necesidades básicas, de manera temporal, en situaciones de urgencia o de emergencia social.

20. Según el Anexo I de la Orden 2372/2023, de 25 de julio, uno de los servicios de inclusión para personas sin hogar es:

a) Renta Mínima de Inserción.
b) Apoyo a la Cobertura de Necesidades Básicas.
c) Servicio de acceso inmediato a la vivienda y soporte socioeducativo para personas sin hogar (modelo Housing First).

21. ¿Cuál es el número del servicio de atención telefónica de ayuda a niños y adolescentes?

a) 061 061.
b) 116 116.
c) 116 111.

22. Según la Ley 12/2022, de 21 de diciembre, de Servicios Sociales de la Comunidad de Madrid todos son instrumentos técnicos de los servicios sociales excepto:

a) Tarjeta Social.
b) Ficha Social.
c) Historia Social Única.

23. ¿Cuál es el instrumento que identifica a la persona en el marco del Sistema Público de Servicios Sociales, les da acceso al mismo y recoge, de forma unificada, el conjunto de prestaciones que perciben?

a) Tarjeta Social.
b) Ficha Social.
c) Historia Social Única.

24. Constituye el instrumento técnico básico que permite la relación entre los servicios sociales de Atención Primaria y Especializada, así como la interrelación y coordinación con otros sistemas de protección social, con la finalidad de conseguir la continuidad y complementariedad de las intervenciones:

a) Tarjeta Social.
b) Ficha Social.
c) Historia Social Única.

25. El plan individualizado de intervención social incluirá, al menos:

a) Identificación de las categorías profesionales que deben llevar a cabo la intervención.
b) Método de seguimiento y evaluación de resultados e impacto.
c) Ambas son correctas.

26. El Plan Director de Servicios Sociales de la Comunidad de Madrid es el instrumento de planificación que determinará los objetivos, líneas de actuación y resultados esperados del Sistema Público de Servicios Sociales, para un período máximo de:

a) Dos años.
b) Cuatro años.
c) Seis años.

27. ¿Sobre quién recae la responsabilidad de la elaboración del Mapa de Servicios Sociales de la Comunidad de Madrid?

a) Consejería competente en materia de servicios sociales.
b) Presidencia Comunidad de Madrid.
c) Diputación Provincial de Madrid.

28. Está sometido a régimen de autorización administrativa:

a) El inicio de la actividad de un servicio de atención social.
b) La creación de centros de atención social.
c) El cese, temporal o definitivo, de la actividad de centros y servicios.

29. El máximo órgano de carácter consultivo y de participación en materia de servicios sociales es:

a) Concierto Social.
b) Consejo de Servicios Sociales de la Comunidad de Madrid.
c) Consejo de Entidades de Voluntariado.

30. No suscribir con los usuarios la relación contractual correspondiente conforme a lo previsto en la normativa de aplicación constituye una infracción:

a) Leve.
b) Grave.
c) Muy grave.

Solución al test n.º 6

1. c) Ambas son correctas.

2. c) Título II.

3. b) Planificación de los servicios.

4. a) La provisión y prestación de los servicios de atención especializada.

5. c) La realización de programas de sensibilización social, de fomento de la participación ciudadana, promoción del asociacionismo, del voluntariado y de otras formas de ayuda mutua, en la prevención y resolución de los problemas sociales en el ámbito local.

6. a) Administración de la Comunidad de Madrid.

7. b) Urgencia social.

8. b) Protocolos de derivación.

9. a) La Atención Social Primaria.

10. a) Son el equipamiento básico de la Atención Social Primaria.

11. b) Gestionar y equipar los centros y servicios que proporcionan prestaciones especializadas a personas y grupos.

12. b) Un Trabajador Social.

13. b) A propuesta de los profesionales de los servicios sociales de atención primaria.

14. a) Elegir el profesional de referencia que se responsabilizará del seguimiento de su plan personalizado y de la atención social durante las siguientes etapas, si las hubiera, así como del referido a la Historia Social Única.

15. c) Ambas son correctas.

16. b) Prestaciones condicionadas.

17. a) El seguimiento y la supervisión de adopciones.

18. b) Garantizada.

19. c) El apoyo para la cobertura de las necesidades básicas, de manera temporal, en situaciones de urgencia o de emergencia social.

20. c) Servicio de acceso inmediato a la vivienda y soporte socioeducativo para personas sin hogar (modelo Housing First).

21. c) 116 111.

22. b) Ficha Social.

23. a) Tarjeta Social.

24. c) Historia Social Única.

25. c) Ambas son correctas.

26. b) Cuatro años.

27. a) Consejería competente en materia de servicios sociales.

28. b) La creación de centros de atención social.

29. b) Consejo de Servicios Sociales de la Comunidad de Madrid.

30. b) Grave.

TEST N.º 7

La Ley 39/2006, de 14 de diciembre, de Promoción de la Autonomía Personal y atención a las personas en situación de dependencia: definiciones, prestaciones, catálogo de servicios y grados

1. La Ley de Promoción de la Autonomía Personal y Atención a las Personas en Situación de Dependencia, llamada Ley de Dependencia, es:

a) La Ley 36/2009, de 11 de noviembre.
b) La Ley 63/2004, de 19 de diciembre.
c) La Ley 39/2006, de 14 de diciembre.

2. ¿Qué título de la Ley de Dependencia regula las medidas para asegurar la calidad y la eficacia del Sistema?

a) El Título Preliminar.
b) El Título I.
c) El Título II.

3. Las organizaciones de carácter privado surgidas de la iniciativa ciudadana o social, bajo diferentes modalidades que responden a criterios de solidaridad, con fines de interés general y ausencia de ánimo de lucro, que impulsan el reconocimiento y el ejercicio de los derechos sociales, constituyen lo que en la Ley de Dependencia se denomina:

a) Sector primario.
b) Tercer sector.
c) Servicios privados.

4. Para que cualquier español pueda ser titular de los derechos propios de las personas en situación de dependencia, es necesario residir en territorio español y haberlo hecho durante:

a) Cinco años, de los cuales dos deberán ser inmediatamente anteriores a la fecha de presentación de la solicitud.
b) Diez años, de los cuales cinco deberán ser inmediatamente anteriores a la fecha de presentación de la solicitud.
c) Cinco años inmediatamente anteriores a la fecha de presentación de la solicitud.

5. ¿Cuál de los siguientes términos es el que se utiliza en la Ley de Dependencia?

a) Disminuidos físicos o psíquicos.
b) Personas con discapacidad.
c) Minusválidos.

6. Como instrumento de cooperación para la articulación de los servicios sociales la promoción de la autonomía y atención a las personas en situación de dependencia, la Ley de Dependencia crea:

a) El Consejo Territorial de Servicios Sociales y del Sistema para la Autonomía y Atención a la Dependencia.
b) La Comisión Interterritorial de Defensa de los Derechos de las Personas Discapacitadas.
c) El Instituto de Servicios Sociales y Atención a la Dependencia.

7. ¿Quién acuerda la cuantía de las prestaciones económicas de atención a la dependencia?

a) El Gobierno.
b) El Consejo Territorial de Servicios Sociales y del Sistema para la Autonomía y Atención a la Dependencia.
c) El Ministerio de Sanidad, Servicios Sociales e Igualdad.

8. ¿Cuál de las siguientes prestaciones económicas no está reconocida por la Ley de Dependencia?

a) Prestación económica para cuidados en el entorno familiar y apoyo a cuidadores no profesionales.
b) Prestación económica de asistencia personal.
c) Prestación económica de servicios de teleasistencia.

9. ¿Cuál de los siguientes servicios facilita asistencia a los beneficiarios mediante el uso de tecnologías de la comunicación y de la información, con apoyo de los medios personales necesarios, en respuesta inmediata ante situaciones de emergencia, o de inseguridad, soledad y aislamiento?

a) Servicio de ayuda a domicilio.
b) Servicio de centro de día y de noche.
c) Servicio de teleasistencia.

10. Según la Ley de Dependencia, ¿cuántos grados de dependencia hay?

a) Dos.
b) Tres.
c) Cuatro.

11. La situación de dependencia moderada se considera de:

a) Grado I.
b) Grado II.
c) Grado III.

12. El grado II de dependencia corresponde a:

a) Dependencia leve.
b) Dependencia moderada.
c) Dependencia severa.

13. En relación con la valoración de la situación de dependencia, no es cierto que:

a) Los grados de dependencia se determinarán mediante la aplicación del baremo acordado en el Consejo Territorial de Servicios Sociales y del Sistema para la Autonomía y Atención a la Dependencia.

b) El baremo establecerá los criterios objetivos de valoración del grado de autonomía de la persona, de su capacidad para realizar las distintas actividades de la vida diaria, los intervalos de puntuación para cada uno de los grados de dependencia y el protocolo con los procedimientos y técnicas a seguir para la valoración de las aptitudes observadas.

c) Previo acuerdo del Consejo de Gobierno de la Comunidad Autónoma correspondiente, se podrá determinar el grado de dependencia mediante otros procedimientos distintos a los establecidos por el baremo.

14. El baremo para determinar el grado de dependencia se ha de aprobar por:

a) Ley estatal.
b) Decreto de cada Comunidad Autónoma.
c) Real Decreto.

15. Cuántos miembros del Comité Consultivo del Sistema para la Autonomía y Atención a la Dependencia representan a las entidades locales:

a) 5.
b) 6.
c) 9.

16. A cuál de los siguientes órganos corresponde acordar las condiciones y cuantía de las prestaciones económicas previstas para la dependencia:

a) A la Secretaría de Estado de Servicios Sociales e Igualdad.
b) Al Consejo Territorial de Servicios Sociales y del Sistema para la Autonomía y Atención a la Dependencia.
c) Al Comité Consultivo del Sistema para la Autonomía y Atención a la Dependencia.

17. ¿Cuántos miembros tiene el Comité Consultivo del Sistema para la Autonomía y Atención a la Dependencia?

a) 18.
b) 24.
c) 36.

18. ¿Cuántos miembros hay en el Comité Consultivo del Sistema para la Autonomía y Atención a la Dependencia en representación de las organizaciones sindicales más representativas?

a) 3.
b) 6.
c) 9.

19. La asignación a las comunidades autónomas del nivel mínimo de protección a la dependencia se realizará considerando tres variables. Señalar cuál de las siguientes no es correcta:

a) La prestación reconocida.
b) El índice de precios al consumo.
c) El grado de dependencia.

20. De las siguientes prestaciones del Sistema para la Autonomía y Atención a la Dependencia (SAAD), tiene la consideración de prestación económica:

a) La prestación para cuidados en el entorno familiar.
b) El servicio de promoción de la autonomía personal.
c) El servicio de ayuda a domicilio.

Solución al test n.º 7

1. c) La Ley 39/2006, de 14 de diciembre.

2. c) El Título II.

3. b) Tercer sector.

4. a) Cinco años, de los cuales dos deberán ser inmediatamente anteriores a la fecha de presentación de la solicitud.

5. b) Personas con discapacidad.

6. a) El Consejo Territorial de Servicios Sociales y del Sistema para la Autonomía y Atención a la Dependencia.

7. b) El Consejo Territorial de Servicios Sociales y del Sistema para la Autonomía y Atención a la Dependencia.

8. c) Prestación económica de servicios de teleasistencia.

9. c) Servicio de teleasistencia.

10. b) Tres.

11. a) Grado I.

12. c) Dependencia severa.

13. c) Previo acuerdo del Consejo de Gobierno de la Comunidad Autónoma correspondiente, se podrá determinar el grado de dependencia mediante otros procedimientos distintos a los establecidos por el baremo.

14. c) Real Decreto.

15. b) 6.

16. b) Al Consejo Territorial de Servicios Sociales y del Sistema para la Autonomía y Atención a la Dependencia.

17. c) 36.

18. c) 9.

19. b) El índice de precios al consumo.

20. a) La prestación para cuidados en el entorno familiar.

TEST N.º 8

Organización de los Servicios Sociales en el Ayuntamiento de Madrid

1. La concesión de las prestaciones económicas individuales de emergencia social y de ayudas económicas temporales que tengan por objeto la integración personal es una función en materia de Servicios Sociales. ¿A quién le corresponde esta función?

a) A la Administración autonómica.
b) A la Entidad Local.
c) El centro Municipal de Servicios Sociales.

2. La creación de las distintas Direcciones Generales dentro del área de Gobierno, ¿qué ventaja ofrece?

a) Realizar actividades más especializadas.
b) Mejorar la satisfacción en los servicios que se prestan a los ciudadanos.
c) Las dos respuestas son correctas.

3. ¿Por qué se dice que los Servicios Sociales son un "sistema mixto"?

a) Porque la responsabilidad pública de garantizar los derechos sociales concurre con la iniciativa social y empresarial en la prestación directa de determinados servicios.
b) Porque ofrecen dos niveles. Un nivel de Atención Social Primaria y otro de Atención Social Especializada.
c) Porque en él se dan dos sistemas de evaluación. Una evaluación interna y otra externa.

4. El impulso de proyectos de intervención en los ámbitos grupal y comunitario se constituye como función a desarrollar, ¿por quién?

a) Por el Trabajador Social de zona.
b) Por la Atención Social Primaria.
c) Por la Atención Social Especializada.

5. Dentro de la Información y orientación como prestación básica que conforma el Nivel de Atención Primaria se dan una serie de actuaciones. ¿Cuál no es una de ellas?

a) La orientación y asesoramiento laboral.
b) La tramitación.
c) La derivación.

6. ¿Cuál de las prestaciones básicas que conforman el Nivel de Atención Primaria se considera como un instrumento para desarrollar intervenciones de normalización e integración social?

a) Los apoyos a la unidad convivencial.
b) La prevención e inserción social.
c) El alojamiento alternativo.

7. Podrán gestionarse con cargo a este programa las siguientes prestaciones económicas de ayudas comedor y ayudas de Escuelas Infantiles:

a) Prevención, Inserción y Promoción Social.
b) Protección a la Familia y Atención a la Pobreza Infantil.
c) Atención al Menor y a la Unidad de Convivencia.

8. ¿Qué tipo de servicio destaca por su carácter preventivo?

a) Los Centros municipales de mayores.
b) Los Centros de día.
c) Los Servicios de ayuda a domicilio.

9. Los productos de apoyo, como camas articuladas y grúas, están concebidos como una prestación:

a) Temporal.
b) Permanente.
c) De duración ilimitada.

10. ¿Cuál de estos es un servicio destinado a las familias?

a) Servicio de mediación familiar.
b) Servicio de encuentro familiar.
c) Taller de orientación psicológica familiar.

11. ¿Qué son los Centros Municipales de Servicios Sociales?

a) Es el equipamiento básico de la Atención Social Primaria.
b) Son los equipamientos físicos desde donde se imparten las prestaciones y se desarrollan los programas de la Atención Social Primaria.
c) Las respuestas a) y b) son correctas.

12. ¿Qué equipamiento se caracteriza por promover la convivencia de los mayores, propiciando la participación y la integración social?

a) Centros Municipales de Mayores.
b) Centros de Día para mayores.
c) Centros Residenciales para mayores.

13. ¿Dentro de qué política general se enmarcan los Servicios Sociales?

a) Dentro de la política general del desarrollo de la Protección Social.
b) Dentro de la política general del desarrollo del Bienestar Social.
c) Dentro de la política general del desarrollo de la Acción Social.

14. ¿Qué dos dinámicas coexisten en la organización de los Servicios Sociales municipales?

a) Una dinámica centralizada y otra descentralizada.
b) Una dinámica profesional y otra científica.
c) Una dinámica participativa y otra cooperativa.

15. Los Centros de Apoyo a las Familias forman parte de los equipamientos de:

a) Atención Social Primaria.
b) Atención Social Especializada.
c) No forman parte de la red social de atención.

16. ¿Qué prestación básica del nivel de Atención Primaria fomenta la autonomía personal y el mantenimiento de los mayores en su propio entorno mejorando su calidad de vida?

a) El alojamiento alternativo.
b) La ayuda a domicilio.
c) La teleasistencia.

17. ¿Qué prestación básica del nivel de Atención Primaria fomenta la participación ciudadana y de las empresas asentadas en el municipio como parte de la red comunitaria en la que se apoyan los procesos de integración social de los ciudadanos?

a) La participación y responsabilidad social.
b) La prevención e Inserción Social.
c) La promoción del voluntariado.

18. Las materias en Servicios Sociales del Ayuntamiento de Madrid son competencia de:

a) Área de Gobierno de Servicios Sociales y Empleo.
b) Área de Gobierno de Equidad, Servicios Sociales y Empleo.
c) Área de Gobierno de Políticas Sociales, Familia e Igualdad.

19. El acceso al Servicio de Conciliación y de Apoyo a Familias con Menores (SER-CAF Menores) se realiza a través de:

a) Los Centros de Servicios Sociales Municipales de la Ciudad de Madrid.
b) Los centros educativos donde están escolarizados los menores.
c) La Consejería de Familia, Juventud y Asuntos Sociales.

20. Es un servicio destinado a evitar la evolución y agravamiento de los conflictos a través de una intervención paliativa y preventiva:

a) Servicio de mediación familiar.
b) Los Puntos de Encuentro Familiar.
c) Centros de Atención a la Infancia.

21. La cumplimentación de la Ficha de Usuario le corresponde a:

a) No es una tarea de las Unidades de Trabajo Social sino del Área Administrativa.
b) Unidad de Trabajo Social de Primera Atención.
c) Unidad de Trabajo Social de Zona.

22. La metodología de intervención de la primera atención no tiene como criterio general que:

a) Las entrevistas deben durar como máximo 20 minutos.
b) Se pueden tramitar prestaciones como solicitudes a Centros de Día o Residencias para mayores.
c) Puede realizar un máximo 4 entrevistas de 40 minutos de duración.

23. Con el fin de procurar una atención y asistencia de calidad, las Unidades de Trabajo Social siguen como criterio organizativo de:

a) Distribución global del tiempo y número de entrevistas y duración.
b) Proporción de profesionales de Primera Atención en relación con zona y criterios de coordinación.
c) Todas las respuestas son correctas.

24. El diseño de intervención social se realiza en:

a) Unidad de Trabajo Social de Primera Atención.
b) Unidad de Trabajo Social de Zona.
c) En ambas unidades.

25. La intervención en la Unidad de Trabajo Social de Zona puede ser:

a) Intervención individual-familiar, grupal y comunitaria.
b) Intervención individual o intervención grupal.
c) Intervención individual o intervención comunitaria.

Solución al test n.º 8

1. b) A la Entidad Local.

2. c) Las dos respuestas son correctas.

3. a) Porque la responsabilidad pública de garantizar los derechos sociales concurre con la iniciativa social y empresarial en la prestación directa de determinados servicios.

4. b) Por la Atención Social Primaria.

5. a) La orientación y asesoramiento laboral.

6. c) El alojamiento alternativo.

7. c) Atención al Menor y a la Unidad de Convivencia.

8. c) Los Servicios de ayuda a domicilio.

9. a) Temporal.

10. a) Servicio de mediación familiar.

11. c) Las respuestas a) y b) son correctas

12. a) Centros Municipales de Mayores.

13. b) Dentro de la política general del desarrollo del Bienestar Social.

14. a) Una dinámica centralizada y otra descentralizada.

15. b) Atención Social Especializada.

16. b) La ayuda a domicilio.

17. c) La promoción del voluntariado.

18. c) Área de Gobierno de Políticas Sociales, Familia e Igualdad.

19. a) Los Centros de Servicios Sociales Municipales de la Ciudad de Madrid.

20. a) Servicio de mediación familiar.

21. b) Unidad de Trabajo Social de Primera Atención.

22. c) Puede realizar un máximo 4 entrevistas de 40 minutos de duración.

23. c) Todas las respuestas son correctas.

24. b) Unidad de Trabajo Social de Zona.

25. a) Intervención individual-familiar, grupal y comunitaria.

TEST N.º 9

Fundamentos, principios y objetivos de los Servicios Sociales. Información, atención y acogida de los usuarios en los Centros Municipales de Servicios Sociales. La atención de urgencias

1. ¿Cuál de estos es un componente básico de los Servicios Sociales según la Carta Social Europea?

a) Que son un instrumento que trata de lograr el mayor bienestar del individuo así como la integración en la sociedad.

b) Que se restringen a la satisfacción de las necesidades básicas de los individuos.

c) Que tendrían como elemento imprescindible la sola participación de los individuos y los profesionales de los Servicios Sociales.

2. ¿Qué autor menciona que, en sus orígenes, los Servicios Sociales estaban orientados a la atención de las necesidades más patentes, y actualmente se plantea una consolidación más amplia que alcanza a todos los miembros de la comunidad?

a) Mary Richmond.

b) M. Moix.

c) Carmen Alemán.

3. Según D. Casado y E. Guillen, ¿cuál es una de las características del sistema de Servicios Sociales?

a) Las actividades prácticas de alcance estructural moderado.

b) Orientados hacia la accesibilidad social.

c) Estar organizados en los niveles secundario y terciario.

4. ¿Cuál de estas no es una finalidad de los Servicios Sociales?

a) El prevenir y eliminar las causas que conducen a la exclusión y marginación social.

b) La promoción y desarrollo pleno de todas las personas y grupos dentro de la sociedad.

c) Son instrumentos de carácter práctico organizado para dar respuesta a las necesidades de los individuos.

5. ¿Cuál de estos es un principio del Sistema de Servicios Sociales?

a) Universalidad.
b) Conformidad.
c) Coincidencia.

6. Para que los Servicios Sociales puedan desempeñar correctamente su función, deben estar lo más próximos posible a los ciudadanos. ¿A qué principio del Sistema de Servicios Sociales se está haciendo referencia?

a) A la integración y normalización.
b) A la descentralización.
c) A la globalidad.

7. ¿Qué autor conecta el concepto de Servicios Sociales con el de Estado de Bienestar?

a) R. Timus.
b) M. García.
c) M. Moix.

8. Según el *Diccionario del Trabajo Social* de Ander-Egg, ¿qué sería la asistencia?

a) Conjunto de actuaciones no gubernamentales que prestan ayuda al individuo necesitado.
b) Conjunto de actuaciones solamente de carácter gubernamental que presta ayuda al individuo necesitado.
c) Conjunto de actuaciones (gubernamentales o no) que presta ayuda al individuo o grupo necesitado social y/o económicamente.

9. ¿Mediante qué aspectos se fomenta la rehabilitación?

a) Mediante el impulso y tratamiento de las capacidades deterioradas del individuo.
b) Mediante la promoción, potenciación de las capacidades y desarrollo de destrezas del individuo o grupo.
c) Ninguna de las respuestas es correcta.

10. ¿De qué carácter pueden ser las funciones del Trabajador Social según Rubí?

a) Educativo, informativo y rehabilitador.
b) Preventivo, promocional, asistencial y rehabilitador.
c) Preventivo, informativo y asistencial.

11. ¿A qué nos referimos con fundamentos del Trabajador Social?

a) A los orígenes de la profesión del Trabajo Social.
b) A cuáles son las normas que rigen la profesión del Trabajo Social.
c) A los caracteres fundamentales propios de esta disciplina.

12. ¿A qué dos naturalezas hace referencia el término de Trabajo Social?

a) A la social y política.
b) A la teórica y práctica.
c) A la profesional y científica.

13. Una situación de carácter excepcional o extraordinario, o de agravamiento de las circunstancias personales o familiares, con incidencia en las condiciones de vulnerabilidad, que requiera una respuesta inmediata por parte del Sistema Público de Servicios Sociales se considera:

a) Urgencia social.
b) Emergencia social.
c) Prioridad social.

14. Los accidentes, estragos, catástrofes, pandemias o cualquier otra circunstancia susceptible de causar graves daños a la población, que puedan producir estados de vulnerabilidad y desprotección social sobrevenidas e inesperadas a un grupo de personas se consideran:

a) Urgencia social.
b) Emergencia social.
c) Prioridad social.

15. La Emergencia Social:

a) Requiere de una actuación organizada, programada y multimodal.
b) Es una situación imprevista.
c) Requiere de una respuesta programada, no concreta y dimensionada.

16. La acogida es esa primera entrevista con un técnico. A través de la misma se pretenden cumplir con una serie de objetivos. ¿Cuál de los siguientes es incorrecto?

a) Escucha activa de la demanda.
b) Recabar la máxima información posible, aunque parezca no tener relación con el objeto de la demanda.
c) Generar empatía y establecer un vínculo.

17. Históricamente la intervención social ha asumido dos formas diferentes; la intervención directa y la intervención indirecta. ¿Cuál de las opciones se corresponde con una intervención directa?

a) Investigación de los problemas que son objeto de la intervención del trabajador social, así como sobre los distintos aspectos de la población que demanda ayuda.
b) Investigación sobre los factores que influyen en el bienestar o malestar de los individuos, grupos y comunidades.

c) Prevención de la aparición de conflictos y/o problemas psicosociales, interviniendo precozmente sobre las situaciones que producen desigualdad o pérdida de la salud o bienestar de individuos, grupos o comunidades.

18. Uno de los principios de los servicios se refiere a una mejor utilización de los recursos para llegar a un mismo objetivo. Hablamos del principio de:

a) Eficacia.
b) Eficiencia.
c) Concurrencia.

19. La función principal de los Servicios Sociales, según figura en la Ley de Servicios Sociales de la Comunidad de Madrid, es:

a) Asegurar a las personas el derecho a vivir dignamente durante todas las etapas de la vida.
b) Lograr la plena inclusión de las personas en situación de vulnerabilidad.
c) Alcanzar los objetivos de desarrollo sostenible en el ámbito del bienestar social.

20. En la Atención Inicial se han de mantener con el usuario el menor número de entrevistas posible, pero sí las suficientes como para estar en disposición de garantizar que se hace una correcta orientación, que permita:

a) Dirigir al usuario hacia el recurso externo adecuado, con una información ajustada a la realidad del mismo.
b) Trasladar la demanda del usuario a la red municipal de los Servicios Sociales Generales, Unidad de Trabajo Social de Zona, informando del mismo modo al usuario de qué pasos va a seguir el proceso de intervención que ya se ha iniciado.
c) Ambas respuestas son correctas.

Solución al test n.º 9

1. a) Que son un instrumento que trata de lograr el mayor bienestar del individuo así como la integración en la sociedad.

2. c) Carmen Alemán.

3. b) Orientados hacia la accesibilidad social.

4. c) Son instrumentos de carácter práctico organizado para dar respuesta a las necesidades de los individuos.

5. a) Universalidad.

6. b) A la descentralización.

7. a) R. Timus.

8. c) Conjunto de actuaciones (gubernamentales o no) que presta ayuda al individuo o grupo necesitado social y/o económicamente.

9. b) Mediante la promoción, potenciación de las capacidades y desarrollo de destrezas del individuo o grupo.

10. b) Preventivo, promocional, asistencial y rehabilitador.

11. c) A los caracteres fundamentales propios de esta disciplina.

12. b) A la teórica y práctica.

13. a) Urgencia social.

14. b) Emergencia social.

15. b) Es una situación imprevista.

16. b) Recabar la máxima información posible, aunque parezca no tener relación con el objeto de la demanda.

17. a) Investigación de los problemas que son objeto de la intervención del trabajador social, así como sobre los distintos aspectos de la población que demanda ayuda.

18. b) Eficiencia.

19. a) Asegurar a las personas el derecho a vivir dignamente durante todas las etapas de la vida.

20. c) Ambas respuestas son correctas.

TEST N.º 10

**La atención e intervención social desde un enfoque multiprofesional.
El voluntariado en los Servicios Sociales.
Sistemas de colaboración**

1. ¿Cómo actúan los miembros de un equipo interdisciplinar?

a) De forma parcial.
b) De forma global.
c) De forma individual.

2. ¿Cuál de estas no es una característica de los equipos de trabajo?

a) La igualación de los profesionales.
b) La diferenciación.
c) La flexibilización de normas.

3. ¿En qué están inspirados los principios de los equipos de trabajo?

a) En la Psicología Social.
b) En la Psicología Comunitaria.
c) En la dinámica de grupos.

4. Las funciones que desarrollan diferentes técnicos a través de un programa planificado que persigue objetivos concretos y conduce a una intervención conjunta es:

a) Una característica del equipo estratégico.
b) Una característica de los equipos profesionales.
c) Una característica del equipo multidisciplinar.

5. ¿Qué nivel de multiprofesionalidad está relacionado con la organización institucional?

a) El primer nivel.
b) El segundo nivel.
c) El tercer nivel.

6. El equipo interdisciplinar:

a) Está relacionado con un objetivo común.
b) Está capacitado para desarrollar un mismo tipo de intervención.
c) Es un conjunto de profesionales de una misma disciplina profesional.

7. ¿Cuál de estos no es un requisito para el logro de la interdisciplinariedad?

a) La igualdad de estatus.
b) La mayor colaboración entre distintas instituciones.
c) La modificación de las actitudes grupales.

8. ¿Qué servicio ofrece la Escuela del Voluntariado, entre otros?

a) Servicio de apoyo y asesoramiento en materia de formación.
b) Servicio de apoyo a voluntarios.
c) Servicio de apoyo a organizaciones de voluntariado.

9. Una de las áreas de intervención del voluntariado en conexión con los Servicios Sociales son:

a) Voluntariado cultural.
b) Voluntariado territorial.
c) Voluntariado vecinal.

10. El espacio de publicaciones y de puesta en común de datos cuantitativos, cualitativos e incluso teóricos en torno al voluntariado se facilita desde:

a) Punto de Información de Voluntariado de la Comunidad de Madrid.
b) Observatorio del Voluntariado.
c) Plataforma del Voluntariado de la Comunidad de Madrid.

11. ¿Desde dónde se pone en marcha el Punto de Información de Voluntariado de la Comunidad de Madrid?

a) Desde Consejería de Políticas Sociales.
b) Desde Consejería de Políticas Sociales y Familia de la Comunidad de Madrid a través de la Dirección General de Voluntariado.
c) Desde la Consejería de Familia, Juventud y Asuntos Sociales de Madrid a través de la Dirección General de Servicios Sociales e Integración Social.

12. La Ley 40/2015, de 1 de octubre, de Régimen Jurídico del Sector Público establece en su artículo 141 el deber de colaboración entre las Administraciones Públicas, de modo que estas deben:

a) Respetar el ejercicio legítimo por las otras Administraciones de sus competencias.

b) Facilitar a las otras Administraciones la información que precisen sobre la actividad que desarrollen en el ejercicio de sus propias competencias o que sea necesaria para que los ciudadanos puedan acceder de forma integral a la información relativa a una materia.

c) Ambas respuestas son correctas.

13. El órgano de trabajo y apoyo de carácter general de la Conferencia Sectorial lo constituye:

a) La Conferencia de Presidentes.
b) Las Comisiones Sectoriales.
c) Las Comisiones Territoriales de Coordinación.

14. ¿Qué es "Cooper@"?

a) Una Plataforma Digital de Colaboración entre entidades de voluntariado.
b) Una Plataforma Digital de Colaboración entre las Administraciones Públicas.
c) Una Plataforma Digital de ayuda a las personas en situación de vulnerabilidad social.

15. Se identifican tres niveles de responsabilidad en la gestión de Cooper@. La Oficina de la Conferencia de Presidentes es el órgano responsable:

a) A nivel estratégico.
b) A nivel funcional.
c) A nivel operativo.

16. ¿Qué equipos exigen a sus miembros la superación de visiones parciales, interaccionándolas, buscando un enfoque global y una respuesta integral, imposible desde el aislamiento y el individualismo profesional?

a) Equipos interdisciplinares.
b) Equipos multidisciplinares.
c) Equipos polivalentes.

17. Uno de los principios de los equipos de trabajo es:

a) Reforzar indiscriminadamente comportamientos orientados a la tarea.
b) Fomentar la saturación de canales de comunicación.
c) Evaluar el clima social y organizacional.

18. ¿En qué capítulo del Código Deontológico de Trabajadores Sociales de 2012 se hace referencia a las relaciones entre el trabajador social y otros profesionales?

a) En el Capítulo I.
b) En el Capítulo II.
c) En el Capítulo III.

19. Se dice que hay interdisciplinariedad cuando:

a) Quedan fijados objetivos comunes y específicos.

b) Se pretenden resolver los problemas cuya solución se encuentre solo en el seno del Equipo.

c) Las respuestas a) y b) son correctas.

20. ¿Qué requisito básico no debe tenerse en cuenta para el desarrollo de una metodología multiprofesional o interdisciplinar?

a) Menor colaboración entre distintas instituciones.

b) Estabilidad personal.

c) Estructura organizativa coherente con la intervención multiprofesional.

Solución al test n.º 10

1. b) De forma global.

2. c) La flexibilización de normas.

3. b) En la Psicología Comunitaria.

4. c) Una característica del equipo multidisciplinar.

5. b) El segundo nivel.

6. a) Está relacionado con un objetivo común.

7. c) La modificación de las actitudes grupales.

8. a) Servicio de apoyo y asesoramiento en materia de formación.

9. a) Voluntariado cultural.

10. b) Observatorio del Voluntariado.

11. c) Desde la Consejería de Familia, Juventud y Asuntos Sociales de la Comunidad de Madrid a través de la Dirección General de Servicios Sociales e Integración Social.

12. c) Ambas respuestas son correctas.

13. b) Las Comisiones Sectoriales.

14. b) Una Plataforma Digital de Colaboración entre las Administraciones Públicas.

15. a) A nivel estratégico.

16. a) Equipos interdisciplinares.

17. c) Evaluar el clima social y organizacional.

18. c) En el Capítulo III.

19. c) Las respuestas a) y b) son correctas.

20. a) Menor colaboración entre distintas instituciones.

TEST N.º 11

El fenómeno migratorio en la ciudad de Madrid. La respuesta de los Servicios Sociales del Ayuntamiento de Madrid a la población migrante. El Auxiliar de Servicios Sociales en la atención a población migrante, habilidades y actitudes

1. ¿Cuál se corresponde con la definición del término refugiados o asilados?

a) "Son personas que tienen fundados temores de ser perseguidas en su país de origen por motivos de raza, religión, nacionalidad, pertenencia a un determinado grupo social u opiniones políticas; se encuentran fuera de su país, de su nacionalidad y no pueden o, a causa de dichos temores, no quieren acogerse a la protección de tal país, o que careciendo de nacionalidad y hallándose, a consecuencia de tales acontecimientos, fuera del país donde antes tuvieran su residencia habitual, no pueden, o a causa de dichos temores, no quieren regresar a él. Proceden normalmente de países donde existen dictaduras o regímenes autoritarios".

b) "A consecuencia de conflictos o disturbios graves de carácter político, étnico o religioso se hayan visto obligadas a abandonar su país de origen o no puedan permanecer en el mismo".

c) Ninguna es correcta.

2. ¿Qué significa ser un inmigrante en situación irregular?

a) Son personas de nacionalidad extranjera que desean o se ven obligadas a emigrar de su país de origen por motivos principalmente de tipo económico.

b) Son personas de nacionalidad extranjera que se encuentran fuera de sus países de origen y no tienen ningún estatuto legal que les permita permanecer o residir en el país donde se encuentran. En esta situación podrían encontrarse los solicitantes de asilo a quienes no se les reconozca la condición de refugiado.

c) Ninguna es correcta.

3. ¿Quién es el precursor de la teoría denominada "teoría de la naturaleza global de las migraciones"?

a) A. Portes y R.L. Bach.
b) J. Castillo Castillo.
c) M. Gordon.

4. ¿Qué teorías son las llamadas *push-pull theories*?

a) Teorías de la asimilación.
b) Teorías de la aculturación.
c) Teorías de los factores de expulsión y de atracción.

5. ¿Cuál es el objeto de la teoría de la asimilación?

a) Determinar el diverso grado de integración de la colectividad inmigrante.
b) La absorción de los valores y normas propios de la población nativa.
c) Las respuestas a) y b) son correctas.

6. ¿Qué creencia tienen las teorías que parten del conflicto social?

a) No creen en el proceso secuencial de asimilación del inmigrante.
b) No comparten la creencia de que la sucesión de generaciones cause de modo obligado el olvido de la cultura primera.
c) Las respuestas a) y b) son correctas.

7. ¿Qué condiciones se toman en consideración para tomar la decisión de abandonar el país de nacimiento?

a) Objetivas y subjetivas.
b) Tolerables e intolerables.
c) Reales o "fantaseadas".

8. ¿Cómo se denominan las reacciones psicológicas que se producen en el país de acogida por el choque cultural?

a) Identidad étnica.
b) Duelo postergado.
c) Xenofobia.

9. ¿En qué año comenzó a publicarse el Manual de Integración de la ciudad de Madrid?

a) En 2016.
b) En 2015.
c) En 2005.

10. ¿A quién está dirigido el Manual de Integración de la ciudad de Madrid?

a) Al conjunto de la ciudadanía madrileña, agentes de intervención social y especialmente a las personas inmigrantes.
b) A los agentes de intervención social.
c) A las personas inmigrantes.

11. ¿Qué objetivo persigue la Guía de Recursos Sociales del Ayuntamiento de Madrid?

a) Llegar a quienes todavía no han tenido acceso a los recursos sociales y desconocen que a través de ellos pueden mejorar su calidad de vida y la de sus familias.
b) Dar a conocer la sólida y amplia red de recursos sociales para los madrileños.
c) Las respuestas a) y b) son correctas.

12. ¿Cuál es el objetivo de las oficinas municipales de información, orientación y acompañamiento para la población inmigrante?

a) Proporcionar alojamiento alternativo.
b) Proporcionar asesoría jurídica.
c) Proporcionar información general sobre Madrid, sus servicios y sus recursos sociales.

13. El servicio municipal de orientación jurídica en materia de extranjería y para supuestos de Racismo, Xenofobia, Homofobia y Transfobia, ¿sobre qué tema ofrece atención y orientación personalizada?

a) Arraigo social.
b) Defensa jurídica en aquellos supuestos de carácter racista que revistan relevancia penal.
c) Ambas son correctas.

14. ¿Qué servicio ofrecen los servicios de acogida a la población inmigrante?

a) Servicios de comedor y aseo a través de un Centro de Día y el Comedor Social.
b) Dispositivos para la ayuda en trámites administrativos (empadronamiento, tarjeta sanitaria, regularización...) y apoyo para la inserción social y laboral, para la población inmigrante.
c) Ambas son correctas.

15. ¿En cuántos distritos de Madrid está implantado el servicio de dinamización vecinal intercultural?

a) En 8.
b) En 11.
c) En 10.

16. ¿Qué es el servicio de convivencia intercultural en parques, canchas deportivas y otros espacios de Madrid?

a) Es un servicio que promueve el encuentro entre generaciones y cultural mediante un uso responsable y sostenible del espacio público.

b) Es un servicio que promueve el encuentro cultural mediante un uso responsable y sostenible del espacio público.

c) Es un servicio que promueve el encuentro entre generaciones.

17. El Proyecto de acogida de emergencia es un servicio orientado a proporcionar prestaciones de alojamiento, manutención, orientación, información y acompañamiento social a personas inmigrantes solas y que necesiten una respuesta inmediata para atender sus necesidades básicas. ¿Cuál es el periodo de estancia máxima?

a) Siete días.
b) Quince días.
c) Un mes.

18. ¿Qué tipo de competencias profesionales debe tener el auxiliar de servicios sociales?

a) Asertividad y capacidad de trabajo en equipo.
b) Asertividad y escucha activa.
c) Interculturales.

19. ¿Cuál de las siguientes son competencias cognitivas y conceptuales?

a) Conocimiento sobre las migraciones, evolución y características actuales.
b) Manejo de los conceptos referidos a cultura, interculturalidad, identidad cultural, ciudadanía, mediación y comunicación intercultural.
c) Las respuestas a) y b) son correctas.

20. ¿Cuál de las siguientes no es una competencia lingüística y comunicativa?

a) Conocimiento de idiomas.
b) Manejo de la comunicación verbal y no verbal.
c) Escucha activa.

Solución al test n.º 11

1. a) "Son personas que tienen fundados temores de ser perseguidas en su país de origen por motivos de raza, religión, nacionalidad, pertenencia a un determinado grupo social u opiniones políticas; se encuentran fuera de su país, de su nacionalidad y no pueden o, a causa de dichos temores, no quieren acogerse a la protección de tal país, o que careciendo de nacionalidad y hallándose, a consecuencia de tales acontecimientos, fuera del país donde antes tuvieran su residencia habitual, no pueden, o a causa de dichos temores, no quieren regresar a él. Proceden normalmente de países donde existen dictaduras o regímenes autoritarios".

2. b) Son personas de nacionalidad extranjera que se encuentran fuera de sus países de origen y no tienen ningún estatuto legal que les permita permanecer o residir en el país donde se encuentran. En esta situación podrían encontrarse los solicitantes de asilo a quienes no se les reconozca la condición de refugiado.

3. b) J. Castillo Castillo.

4. c) Teorías de los factores de expulsión y de atracción.

5. a) Determinar el diverso grado de integración de la colectividad inmigrante.

6. c) Las respuestas a) y b) son correctas.

7. a) Objetivas y subjetivas.

8. b) Duelo postergado.

9. c) En 2005.

10. a) Al conjunto de la ciudadanía madrileña, agentes de intervención social y especialmente a las personas inmigrantes.

11. c) Las respuestas a) y b) son correctas.

12. c) Proporcionar información general sobre Madrid, sus servicios y sus recursos sociales.

13. c) Ambas son correctas.

14. c) Ambas son correctas.

15. b) En 11.

16. a) Es un servicio que promueve el encuentro entre generaciones y cultural me-diante un uso responsable y sostenible del espacio público.

17. a) Siete días.

18. c) Interculturales.

19. c) Las respuestas a) y b) son correctas.

20. c) Escucha activa.

TEST N.º 12

La Prevención y Promoción de la Salud en el Organismo Autónomo Madrid Salud. Red de Centros: Centros de Salud Comunitaria y Centros específicos. Programas Marco

1. ¿En qué año se creó el Organismo Autónomo Madrid Salud?

a) 2005.
b) 2011.
c) 2019.

2. Uno de los principios rectores que orientan las actuaciones que se han de realizar en el marco de la estrategia Madrid, una ciudad saludable es:

a) Accesibilidad universal.
b) Enfoque centrado en la persona.
c) Universalismo proporcional.

3. ¿Cómo se denomina el enfoque metodológico en promoción de la salud y la prevención de la enfermedad mediante el cual el foco se centra en los elementos o factores que ayudan a mejorar la salud, incluso, ante la exposición de factores patógenos?

a) Enfoque preventivo.
b) Enfoque salutogénico.
c) Enfoque yatrogénico.

4. La Estrategia de Prevención y Promoción de la Salud, Madrid, una Ciudad Saludable 2021- 2204 se compone de cuatro líneas de actuación. ¿Cuál no es una de ellas?

a) Orientación en salud pública.
b) Programas marco.
c) Programas operativos.

5. En la Red de Centros de Madrid Salud nos encontramos dos tipos de centro, entre los que no se encuentran:

a) Centros de Salud Comunitaria.
b) Centros Específicos.
c) Centros de Primera Acogida.

6. Los Centros Municipales de Salud Comunitaria (CMSc) tienen como objetivo:

a) El tratamiento de las enfermedades comunes.
b) Prevenir la enfermedad ayudando a las personas, los grupos y las comunidades a conseguir estilos y condiciones de vida saludables.
c) Ambas respuestas son correctas.

7. ¿Cuántos Centros Municipales de Salud Comunitaria hay en Madrid?

a) 4.
b) 8.
c) 16.

8. ¿A qué población se dirige el Centro de Prevención del Deterioro Cognitivo?

a) Personas mayores con deterioro cognitivo avanzado.
b) Personas mayores de 65 años para evaluar su memoria y detectar de forma precoz trastornos de memoria relacionadas con la edad o deterioro cognitivo leve.
c) Personas mayores de 70 años que nunca han presentado deterioro cognitivo.

9. ¿Qué es el Método UMAM?

a) Es un programa de intervención cognitiva dirigido a favorecer hábitos de estimulación y a la solución de olvidos cotidianos.
b) Es un método de intervención que se utiliza en la atención temprana para niños de 0 a 6 años de edad.
c) Es un programa de intervención dirigido a personas con discapacidad intelectual leve para promover su inclusión social.

10. ¿A qué población se dirige el Centro de Salud Bucodental?

a) Población infantil de 2 a 15 años.
b) Población infantil de 5 a 16 años.
c) Población infantil de 0 a 18 años y mayores de 65 años.

11. El Ayuntamiento de Madrid puso en funcionamiento este centro para hacer frente a la necesidad de atender al creciente número de personas que viajan y que solicitan asesoramiento sanitario previo a viajes internacionales con riesgo de adquirir enfermedades infecciosas:

a) Centro de Salud Internacional.
b) Centro de Enfermedades Infecciosas.
c) Centro de Vacunación de Enfermedades Infectocontagiosas.

12. A la Consulta de Prevención de ITS y VIH puede acudir sin cita previa:

a) Las personas sintomáticas de ITS/VIH.
b) Cualquier persona para consulta sobre ITS/VIH.
c) Siempre es necesaria la cita previa.

13. Presta atención a las personas que precisan partes de lesiones o pruebas de alcoholemia, a petición de la Policía Municipal o de otras Fuerzas y Cuerpos de Seguridad:

a) Laboratorio de Salud Pública.
b) Centro de Apoyo a la Seguridad (CAS).
c) Centro de Diagnóstico Policial.

14. La población diana del Programa Marco de Prevención de las Desigualdades Sociales en Salud es:

a) Toda la ciudadanía de Madrid, con especial hincapié en aquellas personas y colectivos que viven en situación de vulnerabilidad, pobreza o exclusión social.
b) Personas y colectivos residentes en Madrid que viven en situación de vulnerabilidad, pobreza o exclusión social.
c) Personas usuarias de los servicios sociosanitarios.

15. Una de las actividades que se desarrolla en el Programa Marco de Promoción de la Salud Mental es:

a) Taller grupal de bienestar emocional y autocuidados en personas mayores.
b) Taller grupal de prevención de la soledad no deseada.
c) Ambas son correctas.

16. ¿A quién se dirige el taller de cambio terapéutico de estilo de vida (TCEV) que se lleva a cabo desde el Programa Marco de Alimentación, Actividad Física y Salud?

a) Población general, con especial atención a los colectivos de mayor vulnerabilidad.
b) Personas con obesidad o sobrepeso grado II con perímetro abdominal de riesgo y/o prediabetes.
c) Cualquier persona que quiera bajar de peso y llevar una vida más saludable.

17. ¿Cuál es el objetivo general del Programa Marco de Prevención y Control del Consumo de Tabaco?

a) Disminuir la prevalencia del consumo de tabaco entre la población de la ciudad de Madrid.

b) Prevenir el inicio del consumo de tabaco entre la población adolescente.

c) Incrementar la tasa de abandono del hábito de fumar entre la población fumadora que desea dejar este hábito.

18. Las sesiones de educación afectivo-sexual se desarrollan en coordinación con el Programa de Promoción de la Salud en el Ámbito Educativo. ¿A qué alumnado se dirigen?

a) 1º y 2º de la E.S.O.

b) 3º y 4º de la E.S.O.

c) Bachillerato.

19. ¿Cuál es el objetivo general del Programa Marco de Salud Materno Infantil?

a) Promover los cuidados y el control durante el embarazo.

b) Favorecer maternidades y paternidades positivas que posibiliten el desarrollo adecuado del menor.

c) Elevar el nivel de salud de los niños nacidos en familias en situación de vulnerabilidad social.

20. El taller de hábitos saludables que se desarrolla desde el Programa Marco de Promoción de la Salud en el Ámbito Educativo pretende contribuir a aumentar los conocimientos de hábitos saludables y mejorar su salud, favoreciendo y estimulando actitudes orientadas a su práctica. ¿Qué alumnado es el destinatario?

a) 1º y 2º de la E.S.O.

b) 3º y 4º de la E.S.O.

c) Bachillerato.

Solución al test n.º 12

1. a) 2005.

2. c) Universalismo proporcional.

3. b) Enfoque salutogénico.

4. c) Programas operativos.

5. c) Centros de Primera Acogida.

6. b) Prevenir la enfermedad ayudando a las personas, los grupos y las comunidades a conseguir estilos y condiciones de vida saludables.

7. c) 16.

8. b) Personas mayores de 65 años para evaluar su memoria y detectar de forma precoz trastornos de memoria relacionadas con la edad o deterioro cognitivo leve.

9. a) Es un programa de intervención cognitiva dirigido a favorecer hábitos de estimulación y a la solución de olvidos cotidianos.

10. b) Población infantil de 5 a 16 años.

11. a) Centro de Salud Internacional.

12. a) Las personas sintomáticas de ITS/VIH.

13. b) Centro de Apoyo a la Seguridad (CAS).

14. a) Toda la ciudadanía de Madrid, con especial hincapié en aquellas personas y colectivos que viven en situación de vulnerabilidad, pobreza o exclusión social.

15. c) Ambas son correctas.

16. b) Personas con obesidad o sobrepeso grado II con perímetro abdominal de riesgo y/o prediabetes.

17. a) Disminuir la prevalencia del consumo de tabaco entre la población de la ciudad de Madrid.

18. b) 3º y 4º de la E.S.O.

19. b) Favorecer maternidades y paternidades positivas que posibiliten el desarrollo adecuado del menor.

20. a) 1º y 2º de la E.S.O.

La actuación socio-sanitaria en los servicios sociales. Contenido y actuación. Papel del auxiliar de servicios sociales con las personas que presentan déficit de salud y requieren de una actuación específica de apoyo

1. ¿A quién va dirigida la atención socio-sanitaria?

a) Va dirigida a todas aquellas personas que padecen situaciones de dependencia.
b) Va dirigida a todas aquellas personas que padecen situaciones de dependencia leve.
c) Va dirigida a todas aquellas personas que padecen situaciones de dependencia moderada.

2. ¿Cuál es la tipología de usuarios de atención sociosanitaria (según el documento del Ministerio de Sanidad "Bases para un modelo de atención sociosanitaria", Dirección General de planificación sanitaria, junio 2001")?

a) Enfermos geriátricos, grandes minusvalías y en situación de dependencia funcional.
b) Enfermos geriátricos y en situación de dependencia funcional.
c) Enfermos geriátricos, enfermos mentales crónicos, grandes discapacidades, enfermos terminales, personas con enfermedades crónicas evolutivas y en situación de dependencia funcional y personas en situación de precariedad social con problemas sanitarios.

3. De las siguientes afirmaciones, señala cuál es la incorrecta:

a) En España no existe un modelo uniforme de prestación ni de coordinación de servicios sanitarios y sociales.
b) Existen verdaderos sistemas de provisión integrada de estos servicios.
c) La coordinación sociosanitaria debe realizarse desde varios niveles.

4. ¿En qué año se firmaba un Acuerdo Marco Interministerial (Ministerio de Asuntos Sociales y Ministerio de Sanidad) por el que se impulsa y desarrolla, en el ámbito de sus respectivas competencias, programas de actuación coordinada para la atención a las personas mayores y a las personas con discapacidad?

a) En 1993.
b) En 1994.
c) En 1995.

5. ¿Dónde se pusieron en marcha las primeras experiencias de coordinación sociosanitaria en varias áreas de salud?

a) Madrid, Cataluña y País Vasco.
b) Madrid, Valladolid y Murcia.
c) Las respuestas a) y b) son correctas.

6. ¿En qué documento se insta al Gobierno a "Instrumentar alternativas para la asistencia sociosanitaria"?

a) En "Bases para la Ordenación de Servicios para la Atención Sanitaria a las Personas Mayores" (1993).
b) En "Criterios de ordenación de servicios sanitarios para la atención a las personas mayores" (1995).
c) En el Acuerdo del Congreso de los diputados para la consolidación y modernización del Sistema Nacional de Salud de 1997.

7. ¿En qué artículo de la Ley 16/2003 de Cohesión y Calidad del Sistema Nacional de Salud, se define la prestación sociosanitaria como "la atención que comprende el conjunto de cuidados destinados a aquellos enfermos, generalmente crónicos, que por sus especiales características pueden beneficiarse de la actuación simultánea y sinérgica de los servicios sanitarios y sociales para aumentar su autonomía, paliar sus limitaciones o sufrimientos y facilitar su reinserción social"?

a) En el artículo 14.
b) En el artículo 16.
c) Ninguna es correcta.

8. ¿Cuál no es una de las actuaciones que según establece la Ley 16/2003 de Cohesión y Calidad del Sistema Nacional de Salud se han de asumir desde el ámbito sanitario?

a) Cuidados sanitarios de larga duración.
b) Atención sanitaria de convalecencia.
c) Atención a personas con adicciones.

9. En la reunión conjunta de las consejeras y consejeros que integran el Consejo Territorial del Sistema de Atención a la Dependencia (SAAD) y del Consejo Interterritorial de Salud, el 24 de febrero de 2010 se acordó:

a) La creación del Sistema Estatal de coordinación sociosanitaria.
b) La elaboración de un Libro Blanco sobre coordinación sociosanitaria.
c) a) y b) son correctas.

10. Una de las funciones de la Comisión de Coordinación Sociosanitaria es:

a) Debatir y proponer, en su caso, criterios comunes en materia de atención sociosanitaria relacionados con la aplicación de la normativa de servicios sociales y sanitaria en los centros y servicios de atención social.
b) Evaluar y, en su caso, proponer mejoras en materia de atención sociosanitaria en los centros y servicios de atención social.
c) Ambas son correctas.

11. Según el Libro Blanco de la coordinación sociosanitaria, el modelo de coordinación que se ponga en marcha debe ser:

a) Integral.
b) Discrepante con el modelo asistencial sanitario y social.
c) Rígido.

12. ¿Qué Consejería tiene competencia en materia de coordinación sociosanitaria?

a) Consejería de Familia, Juventud y Asuntos Sociales.
b) Consejería de Sanidad.
c) Consejería de Presidencia, Justicia y Administración Local.

13. La Comisión de Coordinación Sociosanitaria se crea mediante:

a) Acuerdo de 23 de abril de 2022, del Consejo de Gobierno.
b) Acuerdo de 15 de junio de 2023, del Consejo de Gobierno.
c) Acuerdo de 7 de febrero de 2024, del Consejo de Gobierno.

14. ¿A quién corresponde la función de constituir un foro de debate permanente sobre las necesidades e iniciativas de mejora de la atención sociosanitaria prestada en los centros y servicios de atención social?

a) La Comisión de Coordinación Sociosanitaria.
b) Persona titular de la Consejería de Familia, Juventud y Asuntos Sociales.
c) Persona titular de la Consejería de Sanidad.

15. ¿Qué organismos han elaborado un decálogo a tener en cuenta para la coordinación y atención sociosanitaria?

a) La Asociación Española de Trabajo Social y Salud y el Colegio Oficial de Trabajadores Sociales de Madrid.
b) La Asociación Española de Trabajo Social y Salud y el Consejo General de Trabajo Social.
c) La Asociación Española de Trabajo Social y la FITS.

16. ¿Cuál es uno de los principios que fundamentan la atención sociosanitaria?

a) La atención sociosanitaria debe ser el resultado de coordinar e integrar prestaciones, servicios y recursos de los sistemas de salud y servicios sociales.

b) La garantía de continuidad de atención, que las personas deben recibir como un todo integrado solo será posible cuando la atención social y sanitaria, es decir sociosanitaria, actuando de forma sinérgica, mediante el conjunto de los dispositivos de ambas redes asistenciales, permita a los ciudadanos transitar por ambos sistemas de forma fluida y sin disolución de continuidad.

c) Las respuestas a) y b) son correctas.

17. ¿Cuál es el perfil de la persona con necesidades sociosanitarias?

a) Es el de cualquier ciudadano que en un momento de su vida necesita recibir atención sanitaria y social de forma coordinada y/o integrada.

b) Personas mayores.

c) Personas en situación de dependencia.

18. Cualquier dispositivo, servicio, prestación o recurso sociosanitario, ¿qué necesita tener protocolizado?

a) Todos los requisitos de acceso, dado que van a intervenir dos redes diferentes que deben garantizar de forma univoca la atención y la continuidad de los cuidados.

b) Todo el proceso de acceso y alta del mismo, dado que van a intervenir dos redes diferentes que deben garantizar de forma univoca la atención y la continuidad de los cuidados.

c) Todos los servicios que va a recibir (fisioterapia, terapia ocupacional...) del mismo, dado que van a intervenir dos redes diferentes que deben garantizar de forma univoca la atención y la continuidad de los cuidados.

19. Se entiende como un conjunto de recursos destinados de forma específica a la atención sociosanitaria de las personas en situación de dependencia:

a) Coordinación sociosanitaria.

b) Red de Atención Socio-Sanitaria.

c) Servicio de Atención a la Dependencia.

20. Siguiendo lo expuesto en el Libro Blanco de la coordinación sociosanitaria, el modelo de coordinación que se ponga en marcha debe ser:

a) Global.

b) Universal.

c) Ambas son correctas.

Solución al test n.º 13

1. a) Va dirigida a todas aquellas personas que padecen situaciones de dependencia.

2. c) Enfermos geriátricos, enfermos mentales crónicos, grandes discapacidades, enfermos terminales, personas con enfermedades crónicas evolutivas y en situación de dependencia funcional y personas en situación de precariedad social con problemas sanitarios.

3. b) Existen verdaderos sistemas de provisión integrada de estos servicios.

4. a) En 1993.

5. b) Madrid, Valladolid y Murcia.

6. c) En el Acuerdo del Congreso de los diputados para la consolidación y modernización del Sistema Nacional de Salud de 1997.

7. a) En el artículo 14.

8. c) Atención a personas con adicciones.

9. b) La elaboración de un Libro Blanco sobre coordinación sociosanitaria.

10. c) Ambas son correctas.

11. a) Integral.

12. b) Consejería de Sanidad.

13. c) Acuerdo de 7 de febrero de 2024, del Consejo de Gobierno.

14. a) La Comisión de Coordinación Sociosanitaria.

15. b) La Asociación Española de Trabajo Social y Salud y el Consejo General de Trabajo Social.

16. c) Las respuestas a) y b) son correctas.

17. a) Es el de cualquier ciudadano que en un momento de su vida necesita recibir atención sanitaria y social de forma coordinada y/o integrada.

18. b) Todo el proceso de acceso y alta del mismo, dado que van a intervenir dos redes diferentes que deben garantizar de forma univoca la atención y la continuidad de los cuidados.

19. b) Red de Atención Socio-Sanitaria.

20. a) Global.

TEST N.º 14

Los procesos de pobreza y exclusión social como elementos teóricos para comprender el papel de los servicios sociales y el marco de actuación del auxiliar de servicios sociales

1. La Unión Europea establece el umbral de pobreza en:

a) El 60% de la renta mediana equivalente.
b) El 40 % de la renta media equivalente.
c) El 20% de la renta mediana equivalente.

2. Una de las características de la exclusión social es:

a) La exclusión social es un proceso unifactorial.
b) La exclusión social es un fenómeno homogéneo.
c) La exclusión social es un fenómeno estructural.

3. Las tres zonas o espacios de la vida social definidas por Castel son:

a) Integración, vulnerabilidad y exclusión.
b) Pobreza económica, exclusión social severa y marginación.
c) Integración total, erosión de las redes sociales y pobreza integrada.

4. Señala cuál de los siguientes colectivos no se incluían en el Plan Nacional de Acción para la Inclusión Social del Reino de España 2013-2016, como colectivos con mayor vulnerabilidad y riesgo de exclusión social:

a) Personas sin hogar.
b) Población gitana.
c) Personas en situación de desempleo.

5. Subirats identifica siete dimensiones de la exclusión social. ¿Cuál de las siguientes no es una de ellas?

a) Formativa.
b) Residencial.
c) Origen racial.

6. Uno de los colectivos más afectados por la exclusión social es el de las personas sin hogar. Señala la afirmación correcta referida a este colectivo:

a) A las personas sin hogar no les afecta la exclusión social.

b) Entre las causas por las que una persona se queda sin hogar encontramos la pérdida del trabajo, causas económicas (no poder pagar un alojamiento) y la separación de la pareja.

c) Todas las personas sin hogar carecen de tarjeta sanitaria.

7. Dentro de los factores de exclusión relacionados con la dimensión formativa el que tiene una influencia más negativa en la integración social es:

a) No escolarización o sin acceso a la educación obligatoria integrada.

b) Abandono prematuro del sistema educativo.

c) Barrera lingüística.

8. Según la clasificación de Castell se trata de una zona de inestabilidad y precariedad personal, familiar-relacional, socio-económico y/o político-administrativo.

a) Zona de integración.

b) Zona de vulnerabilidad.

c) Zona de erosión de las redes sociales.

9. Las personas víctimas de discriminación por origen racial o étnico también se sitúan entre los colectivos en riesgo de exclusión. Cuando se trata de incidentes discriminatorios individuales las víctimas más frecuentemente discriminadas son:

a) Las pertenecientes a etnia gitana.

b) Las de origen magrebí.

c) Las de origen subsahariano.

10. Uno de los colectivos que puede estar afectado por la exclusión social es el de personas con problemas de adicción. ¿Qué drogas ilegales son las más consumidas?

a) Alcohol y tabaco.

b) Cannabis y cocaína en polvo.

c) Éxtasis.

11. ¿En cuántas metas estratégicas se estructura la Estrategia nacional de prevención y lucha contra la pobreza y la exclusión social 2019-2023?

a) 4

b) 6

c) 8

12. ¿Cuál es la meta estratégica 3 de la Estrategia nacional de prevención y lucha contra la pobreza y la exclusión social 2019-2023?

a) Combatir la pobreza.
b) Protección social ante los riesgos del ciclo vital.
c) Inversión social en las personas.

13. ¿Cuál es el eje 1 de la Estrategia de Inclusión Social de la Comunidad de Madrid 2016-2021?

a) Refuerzo de los servicios sociales y medidas de apoyo a las personas excluidas.
b) Refuerzo de la participación activa y la gobernanza.
c) Desarrollo de Políticas Sociales Inclusivas.

14. Uno de los principios en los que se inspira la Estrategia de Inclusión Social de la Comunidad de Madrid 2016-2021 es:

a) Inclusión activa.
b) Apoyo a las personas en situación de desempleo.
c) Movimiento "educación para todos".

15. La Estrategia de Inclusión Social de la Comunidad de Madrid 2016-2021 apuesta por:

a) Reducir a la mitad el número de personas que sufren en la actualidad pobreza extrema en la Comunidad de Madrid.
b) Reducir en un 25% el número de personas que sufren en la actualidad pobreza extrema en la Comunidad de Madrid.
c) Reducir a cero el número de personas que sufren en la actualidad pobreza extrema en la Comunidad de Madrid.

16. La Comunidad de Madrid tenía una tasa AROPE de 19,6% en 2014. Este porcentaje es:

a) Inferior a la media de España, pero superior al de la Unión Europea.
b) Superior a la media de España y al de la Unión Europea.
c) Inferior a la media de España y al de la Unión Europea.

17. En el análisis de los ámbitos básicos que inciden en la inclusión o exclusión de las personas, la Estrategia de Inclusión Social de la Comunidad de Madrid 2016-2021 describe que:

a) Las personas en situación de exclusión social tienen menos problemas de salud que la media de la población.

b) Al reducirse las tasas de abandono escolar temprano en los últimos años, se ha logrado que dicha tasa sea inferior a la media europea.

c) Se han hecho grandes esfuerzos en la reducción del chabolismo, aunque aún existen algunos asentamientos.

18. ¿Cuál de los siguientes no es uno de los factores de riesgo contemplados en la Estrategia de Inclusión Social de la Comunidad de Madrid 2016-2021?

a) Estar en situación de desempleo.
b) Tener una enfermedad mental.
c) Ser una persona reclusa o exreclusa.

19. La Estrategia de Inclusión Social de la Comunidad de Madrid 2016-2021 se estructura en:

a) Cuatro ejes.
b) Cinco ejes.
c) Seis ejes.

20. En la Estrategia de Inclusión Social de la Comunidad de Madrid 2016-2021 el fomento de la participación ciudadana se corresponde con:

a) El eje 3.
b) Uno de los objetivos.
c) Uno de los principios en los que se inspira.

Solución al test n.º 14

1. a) El 60% de la renta mediana equivalente.

2. c) La exclusión social es un fenómeno estructural.

3. a) Integración, vulnerabilidad y exclusión.

4. c) Personas en situación de desempleo.

5. c) Origen racial.

6. b) Entre las causas por las que una persona se queda sin hogar encontramos la pérdida del trabajo, causas económicas (no poder pagar un alojamiento) y la separación de la pareja.

7. a) No escolarización o sin acceso a la educación obligatoria integrada.

8. b) Zona de vulnerabilidad.

9. b) Las de origen magrebí.

10. b) Cannabis y cocaína en polvo.

11. a) 4

12. b) Protección social ante los riesgos del ciclo vital.

13. c) Desarrollo de Políticas Sociales Inclusivas.

14. a) Inclusión activa.

15. a) Reducir a la mitad el número de personas que sufren en la actualidad pobreza extrema en la Comunidad de Madrid.

16. c) Inferior a la media de España y al de la Unión Europea.

17. c) Se han hecho grandes esfuerzos en la reducción del chabolismo, aunque aún existen algunos asentamientos.

18. a) Estar en situación de desempleo.

19. a) Cuatro ejes.

20. b) Uno de los objetivos.

TEST N.º 15

Problemática sociosanitaria de las adicciones: causas y consecuencias. Incidencia en la esfera familiar, laboral y social. Tratamiento individual y social de la persona con adicciones. Modo de actuación del Auxiliar de Servicios Sociales con personas que presentan problemática de adicciones

1. Consumo de una sustancia que no produce consecuencias negativas en el individuo o este no las aprecia. Este tipo de consumo es más habitual cuando se utiliza una droga de forma esporádica. Se refiere a:

a) Uso.
b) Abuso.
c) Dependencia.

2. Según la OMS, el abuso implica los siguientes criterios (señala el incorrecto):

a) Uso aprobado.
b) Uso peligroso.
c) Uso dañino.

3. La definición "conjunto de manifestaciones fisiológicas, comportamentales y cognoscitivas en el cual el consumo de una droga, o de un tipo de ellas, adquiere la máxima prioridad para el individuo, mayor incluso que cualquier otro comportamiento de los que en el pasado tuvieron el valor más alto", se refiere a:

a) Uso.
b) Abuso.
c) Dependencia.

4. La adicción implica:

a) Tolerancia.
b) Dependencia física.
c) Ambas son correctas.

5. El Plan Nacional de Drogas nace:

a) A mediados de los ochenta.
b) En 1978.
c) En 1976.

6. La I Estrategia Nacional sobre Drogas estuvo vigente:

a) De 2005 a 2008.
b) De 1980 a 1988.
c) De 2000 a 2008.

7. ¿Qué sustancia es la que más prevalencia tiene entre la población de 15 a 64 años en España?

a) El alcohol.
b) El tabaco.
c) El cannabis.

8. Las etapas en el proceso de adicción, según el Dr. Arnold M. Washton, son:

a) Enamoramiento, Luna de Miel, Traición, En la Ruina y liberados.
b) Conciliación, Luna de Miel, Traición, En la Ruina y aprisionados.
c) Enamoramiento, Luna de Miel, Traición, En la Ruina y aprisionados.

9. La existencia de subculturas de la droga se considera un factor:

a) Ambiental.
b) Microcontextual.
c) Macrocontextual.

10. ¿Qué tipo de droga es el tabaco?

a) Estimulante del sistema nervioso central.
b) Depresora del sistema nervioso central.
c) Ninguna de las anteriores.

11. Según la Organización Mundial de la Salud, ¿cuál es la primera causa evitable de enfermedad, invalidez y muerte prematura en el mundo?

a) El alcohol.
b) El tabaco.
c) Las respuestas a) y b) son correctas.

12. ¿Qué es el alcohol?

a) Es una droga depresora del Sistema Nervioso Central que inhibe progresivamente las funciones cerebrales.

b) Es una droga que afecta a la capacidad de autocontrol, produciendo inicialmente euforia y desinhibición, por lo que puede confundirse con un estimulante.

c) Las respuestas a) y b) son correctas.

13. ¿Qué riesgos conlleva el abuso de alcohol?

a) No conlleva la intoxicación etílica.

b) Accidentes de tráfico y laborales o prácticas sexuales de riesgo que pueden llevar a contraer enfermedades de transmisión sexual y embarazos no deseados.

c) Accidentes de tráfico y laborales o prácticas sexuales de riesgo que pueden llevar a no contraer enfermedades de transmisión sexual y embarazos no deseados.

14. ¿Qué impacto psicológico tiene especial relevancia en el consumo de cannabis?

a) Provoca dificultades para estudiar, al disminuir las funciones de atención, concentración, abstracción y memoria, obstaculizando, por tanto, el aprendizaje.

b) Puede causar reacciones agudas de ansiedad y, en personas con predisposición a padecer trastornos mentales, puede provocar la aparición de estos trastornos o agravar los que ya se padecen.

c) Las respuestas a) y b) b son correctas.

15. ¿Cuál de estas drogas es utilizada para fines médicos y de uso veterinario?

a) La heroína.

b) La ketamina.

c) El cannabis.

16. Señala cuál de los siguientes no es un síntoma de la adicción:

a) Obsesión.

b) Consecuencias positivas.

c) Falta de control.

17. ¿Cuáles no es uno de los principios básicos en la atención integral a la persona con adicciones?

a) La individualización del tratamiento.

b) La intervención interdisciplinar.

c) La evaluación inicial del paciente.

18. ¿Qué tipos de niveles diferenciados existen de atención a las adicciones en base a su especialización?

a) Recursos de primer nivel, recursos de segundo nivel, recursos de tercer nivel.
b) Recursos de atención primaria y especializada.
c) Recursos de atención primaria y de zona.

19. ¿Qué tipos de intervención se pueden llevar a cabo en los recursos de tercer nivel?

a) Información, detección precoz, motivación y derivación.
b) Evaluación y diagnóstico.
c) Abordaje terapéutico.

20. El Instituto de Adicciones de la Ciudad de Madrid es el órgano que:

a) Dentro del Ayuntamiento de Madrid tiene a su cargo las competencias y la gestión de los recursos destinados a la prevención de las adicciones.
b) Dentro del Ayuntamiento de Madrid tiene a su cargo las competencias y la gestión de los recursos destinados a la reinserción de las adicciones.
c) Dentro del Ayuntamiento de Madrid tiene a su cargo las competencias y la gestión de los recursos destinados a la prevención, tratamiento y reinserción de las adicciones.

Solución al test n.º 15

1. a) Uso.

2. a) Uso aprobado.

3. c) Dependencia.

4. c) Ambas son correctas.

5. a) A mediados de los ochenta.

6. c) De 2000 a 2008.

7. a) El alcohol.

8. b) Conciliación, Luna de Miel, Traición, En la Ruina y aprisionados.

9. c) Macrocontextual.

10. a) Estimulante del sistema nervioso central.

11. b) El tabaco.

12. c) Las respuestas a) y b) son correctas.

13. b) Accidentes de tráfico y laborales o prácticas sexuales de riesgo que pueden llevar a contraer enfermedades de transmisión sexual y embarazos no deseados.

14. c) Las respuestas a) y b) b son correctas.

15. b) La ketamina.

16. b) Consecuencias positivas.

17. c) La evaluación inicial del paciente.

18. a) Recursos de primer nivel, recursos de segundo nivel, recursos de tercer nivel.

19. c) Abordaje terapéutico.

20. c) Dentro del Ayuntamiento de Madrid tiene a su cargo las competencias y la gestión de los recursos destinados a la prevención, tratamiento y reinserción de las adicciones.

TEST N.º 16

Gerontología social: los aspectos biológicos y psíquicos de las personas mayores. Funciones del Auxiliar de Servicios Sociales en relación a las personas mayores

1. ¿Qué es la Gerontología?

a) Es la ciencia que estudia el proceso de envejecimiento en general, ocupándose de aspectos clínicos.

b) Es la ciencia que estudia el proceso de envejecimiento en general, ocupándose de aspectos clínicos y biológicos.

c) Es la ciencia que estudia el proceso de envejecimiento en general, ocupándose de aspectos clínicos, biológicos, psicológicos y sociológicos.

2. El número de personas de 65 y más años en España supone aproximadamente un 19% de toda la población. Según predicciones del Instituto Nacional de Estadística (INE), en 2033 ¿Cuál será aproximadamente el porcentaje de población que supere los 65 años?

a) 18%

b) 25%

c) 35%

3. ¿Quién tiene mayor expectativa de vida?

a) El hombre.

b) La mujer.

c) Ambos.

4. ¿Cuál es el cometido de la Geriatría?

a) Se ocupa de estudiar las enfermedades del mayor.

b) Se ocupa de estudiar las enfermedades y sus posibles tratamientos.

c) Se ocupa de estudiar las enfermedades del mayor y sus posibles tratamientos.

5. ¿Qué autor describe así el envejecimiento: "el envejecimiento es un proceso intrínseco, progresivo y universal condicionado por factores raciales, hereditarios, ambientales, higiénico-dietéticos y sanitarios. Es multifactorial y no sigue una ley única que lo explique y su característica principal es una disminución del rendimiento funcional que se traduce en una lentitud o imposibilidad de adaptarse a situaciones de sobrecarga biológicas, físicas, psicológicas, ambientales y sociales"?

a) López Novoa.
b) Mary Richmond.
c) Ninguno de las anteriores.

6. ¿Qué teoría explicativa sobre el envejecimiento propone que son factores y agresiones ambientales, derivados de la dieta, de nuestro metabolismo, los que deterioran nuestro organismo y nos llevan a envejecer?

a) Teoría exógena.
b) Teoría endógena.
c) Teoría mixta.

7. ¿Qué propone la teoría endógena sobre las causas del envejecimiento?

a) Propone que la velocidad con la que envejecemos está marcada en nuestros genes desde el momento en que nacemos y los factores externos no influyen en absoluto.
b) Propone que son factores y agresiones ambientales, derivados de la dieta, de nuestro metabolismo, los que deterioran nuestro organismo y nos llevan a envejecer.
c) Propone que en el envejecimiento influyen tanto factores externos (agresiones externas, radicales libres y productos de desecho de nuestras reacciones químicas, etc.), como factores internos genéticos que determinan una velocidad de envejecer.

8. ¿Cuál de estas afirmaciones no es una característica fisiológica del envejecimiento?

a) No todos los órganos pierden su función por igual y los cambios que se producen en ellos pueden variar mucho de unos individuos a otros.
b) La persona mayor puede estar "aparentemente" bien de salud y manifestarse la pérdida de funciones ante situaciones de enfermedad, estrés...
c) Cuando se produce un desequilibrio, el organismo nunca lo compensa.

9. ¿Qué modificaciones se producen en el sistema respiratorio a consecuencia del envejecimiento?

a) Los pulmones de las personas mayores disminuyen de tamaño, pesando aproximadamente un 20% menos que los del adulto.
b) Se pierde la elasticidad pulmonar.
c) Las respuestas a) y b) son correctas.

10. ¿Qué modificaciones se producen en los órganos de los sentidos como consecuencia del envejecimiento?

a) Se produce la disminución en la agudeza visual, de la sensibilidad a los colores y de la capacidad de adaptación a la luz y a la oscuridad.
b) Hay mayor producción de cerumen; el tímpano pierde elasticidad.
c) No existen cambios degenerativos en el aparato coclear lo cual no determina una disminución en la capacidad auditiva, sobre todo para frecuencias altas.

11. ¿Qué es la hiperqueratosis, que suele afectar a las personas mayores??

a) La pérdida de masa ósea lo que conlleva un mayor riesgo de fractura.
b) Las uñas se engrosan anormalmente, sobre todo en los pies.
c) La pérdida de tono muscular en la boca.

12. ¿A qué nos estamos refiriendo cuando hablamos de ancianidad?

a) A la jubilación.
b) A la última etapa de la vida.
c) A la depresión.

13. ¿Qué tipo de cambios son los menos perceptibles en el proceso de envejecimiento?

a) Cambios físicos.
b) Cambios sociales.
c) Cambios psicológicos.

14. ¿Qué funciones mentales superiores nos distinguen como especie humana?

a) Funciones intelectuales y cognitivas.
b) Funciones intelectuales y sociales.
c) Las respuestas a) y b) son correctas.

15. ¿Cuál es la definición de Inteligencia cristalizada?

a) Es la capacidad de aplicar a la situación presente la acumulación de experiencias pasadas. Esta forma de inteligencia disminuye con la edad.
b) Es la capacidad de aplicar a la situación presente la acumulación de experiencias pasadas. Esta forma de inteligencia no disminuye con la edad sino que, por el contrario, aumenta.
c) Es la capacidad de evolucionar y de adaptarse rápida y eficazmente a las situaciones nuevas. Esta forma de inteligencia disminuye con la edad.

16. ¿Cuáles son las funciones cognitivas?

a) Percepción, memoria, atención y razonamiento.
b) Percepción, memoria, atención y lectoescritura.
c) Percepción, memoria, atención y lateralidad.

17. ¿Cuál de los siguientes factores influye en el rendimiento de la actividad mental en las personas mayores?

a) Inteligencia personal: se produce un mayor descenso en aquellas personas consideradas más inteligentes.
b) Formación escolar: existen diferencias en el rendimiento entre personas con estudios superiores y personas con estudios primarios.
c) Tipo de actividad profesional: se produce menor deterioro en aquellas personas que realizaron actividades monótonas o poco estimulantes, en comparación con aquellas otras que necesitaron del ejercicio mental para desarrollar su labor profesional.

18. ¿Qué es el autoconcepto?

a) Es el "concepto de sí mismo", es la imagen que cada uno de nosotros tiene de sí mismo.
b) Es la valoración positiva o negativa que cada persona hace de sí misma.
c) Las respuestas a) y b) son correctas.

19. ¿Cuál de las siguientes definiciones se corresponde con Personalidades "adaptadas"?

a) Serían las personas mayores realistas, contentos de vivir esta etapa de su vida de forma satisfactoria. Se mantienen activos e interesados por todo lo que les rodea. Algunos de ellos se toman la vida de forma más pasiva pero, igualmente adaptados, se presentan contentos de estar jubilados y de no tener ninguna obligación con la sociedad.
b) Serían las personas coléricas, negativas y hostiles que siempre están descontentas y que no aceptan envejecer ni que se acerque la muerte. O bien, aquellos cuyo balance de vida es negativo: se sienten culpables de todo y consideran la muerte como la única salida a su situación vital desagradable.
c) Ninguna de las anteriores.

20. ¿Qué es el Trastorno obsesivo-compulsivo?

a) Es un tipo de trastorno de ansiedad.
b) Es un tipo de trastorno afectivo.
c) Es un tipo de trastorno fóbico.

Solución al test n.º 16

1. c) Es la ciencia que estudia el proceso de envejecimiento en general, ocupándose de aspectos clínicos, biológicos, psicológicos y sociológicos.

2. b) 25%

3. b) La mujer.

4. c) Se ocupa de estudiar las enfermedades del mayor y sus posibles tratamientos.

5. a) López Novoa.

6. a) Teoría exógena.

7. a) Propone que la velocidad con la que envejecemos está marcada en nuestros genes desde el momento en que nacemos y los factores externos no influyen en absoluto.

8. c) Cuando se produce un desequilibrio, el organismo nunca lo compensa.

9. c) Las respuestas a) y b) son correctas.

10. a) Se produce la disminución en la agudeza visual, de la sensibilidad a los colores y de la capacidad de adaptación a la luz y a la oscuridad.

11. b) Las uñas se engrosan anormalmente, sobre todo en los pies.

12. b) A la última etapa de la vida.

13. c) Cambios psicológicos.

14. a) Funciones intelectuales y cognitivas.

15. b) Es la capacidad de aplicar a la situación presente la acumulación de experiencias pasadas. Esta forma de inteligencia no disminuye con la edad sino que, por el contrario, aumenta.

16. a) Percepción, memoria, atención y razonamiento.

17. b) Formación escolar: existen diferencias en el rendimiento entre personas con estudios superiores y personas con estudios primarios.

18. a) Es el "concepto de sí mismo", es la imagen que cada uno de nosotros tiene de sí mismo.

19. a) Serían las personas mayores realistas, contentos de vivir esta etapa de su vida de forma satisfactoria. Se mantienen activos e interesados por todo lo que les rodea. Algunos de ellos se toman la vida de forma más pasiva pero, igualmente adaptados, se presentan contentos de estar jubilados y de no tener ninguna obligación con la sociedad.

20. a) Es un tipo de trastorno de ansiedad.

TEST N.º 17

La respuesta de los servicios sociales ante problemas de menores y de mujer (malos tratos, abandono, etc.), papel del Auxiliar de Servicios Sociales con dichos grupos sociales

1. El marco normativo en materia de Servicios Sociales ante problemas de menores y de mujer desde el Ayuntamiento de Madrid lo establece la:

a) Ley 11/2003, de 27 de marzo, de Servicios Sociales de la Comunidad de Madrid.
b) Ley 12/2022, de 21 de diciembre, de Servicios Sociales de la Comunidad de Madrid.
c) Ley 13/2024, de 15 de enero, de Servicios Sociales de la Comunidad de Madrid.

2. Según la Ley de Servicios Sociales de la Comunidad de Madrid ¿cuál es la finalidad del Sistema?

a) Favorecer la integración social, la igualdad de oportunidades, la autonomía personal, la convivencia familiar, la participación social y el bienestar social de todas las personas, familias y grupos, mediante una función promotora, preventiva, protectora y de atención frente a las necesidades sociales originadas por situaciones de vulnerabilidad, exclusión, desprotección, desamparo, dependencia, urgencia o emergencia social.
b) Desarrollar los instrumentos y medidas orientados al logro de una prestación de servicios sociales en condiciones de calidad y eficiencia en el uso de los recursos públicos, a la prevención, la detección precoz, la atención, la protección y la reparación del daño en todos los ámbitos en los que se realiza.
c) Ambas son correctas.

3. Completa el texto. La función "Proporcionar prestaciones de servicios o económicas, de forma conjunta o alternativa, a personas que presenten dificultades físicas, psíquicas o sociales, con el objetivo preferente de su inclusión social o la prevención de su dependencia y promoción de su autonomía personal", es propia de la atención social:

a) Función de la Atención Social Primaria.
b) Función de la Atención Social Especializada.
c) Función de la Atención Social Mixta.

4. Completa el texto. En la Comunidad de Madrid, la principal norma en la atención a los menores es la Ley 4/2023, de 22 de marzo, de:

a) Garantías de los Derechos de la Infancia y la Adolescencia de la Comunidad de Madrid.

b) Derechos y protección al menor de la Comunidad de Madrid.

c) Derechos, Garantías y Protección Integral de la Infancia y la Adolescencia de la Comunidad de Madrid.

5. La protección social y jurídica de los menores en la Comunidad de Madrid se ajusta a una serie de principios. De los que se enumeran a continuación, uno es erróneo, indica cuál es:

a) La consideración del interés superior del niño como principio fundamental, en todas las políticas, acciones y decisiones que le puedan afectar individual o colectivamente, en el ámbito público o en el privado, ya sean adoptadas por las instituciones públicas, privadas o las familias.

b) Se propiciará la integración y normalización de la vida del menor en un recurso especializado.

c) La garantía del derecho de los niños a ser oídos y escuchados, especialmente antes de adoptar decisiones que les afecten, y de ofrecerles previamente información completa, comprensible y adaptada a sus circunstancias

6. ¿Qué situación se produce cuando los encargados del cuidado del menor, generalmente los padres biológicos, dejan de cumplir o cumplen inadecuadamente los deberes que la ley les impone?

a) Situación normalizada.

b) Situación de riesgo.

c) Situación de desamparo.

7. Se define como aquellas situaciones en que el padre/madre somete al niño a continuos ingresos y exámenes médicos alegando síntomas físicos patológicos ficticios o generados de manera activa por el propio padre/madre:

a) Maltrato físico.

b) Maltrato emocional.

c) Trastorno facticio aplicado a otro.

8. De las siguientes características de la violencia de género, ¿cuál no es correcta?

a) Son consecuencia de unas relaciones de dominación de un sexo sobre otro.

b) Es un grave problema social.

c) Es un fenómeno exclusivo de algunos países, culturas y clases sociales concretos.

9. El Servicio de Atención a Mujeres Víctimas de Violencia de Género (SAVG 24 Horas) es:

a) Un servicio de atención psicosocial y asesoramiento jurídico especializado de carácter ambulatorio, dirigido a mujeres víctimas de violencia de género que cuentan con algún tipo de medida judicial de protección, y que requieren atención especializada derivada de la situación de violencia.

b) Un servicio especializado en atención de emergencia y protección a las víctimas de violencia de género en el ámbito de la pareja o expareja que atiende en primera instancia como dispositivo referencial de primer nivel y facilita el acceso a otros recursos que configuran la red especializada.

c) Un centro de atención ambulatoria que proporciona apoyo social, psicológico y educativo intensivo y a largo plazo, para la recuperación emocional y social de las mujeres y sus hijos/as tras la ruptura con la situación de violencia.

10. En el BOAM de 30 de enero de 1986 se recogen por primera vez las funciones del Auxiliar de Servicios Sociales que, en rasgos generales, aún siguen vigentes. ¿Cuál de las siguientes funciones es la única correcta de las tres opciones?

a) Tareas de tipo técnico, como intervención profesional con los usuarios desde el trabajo social.

b) Tramitación a los acogidos de las prestaciones de servicios sociales que precisen.

c) Efectuar una buena acogida, atendiendo no solo a las necesidades físicas más urgentes (comida, aseo, cama, etc.) sino también la organización de actividades culturales y recreativas.

11. Uno de los servicios que ofrecen los Centros de apoyo a la familia (CAF) es:

a) Atención y prevención de las relaciones de violencia en el ámbito familiar.

b) Mediación familiar.

c) Ambas son correctas.

12. De las siguientes funciones del Auxiliar de Servicios Sociales hay una que no es correcta. Indica cuál es:

a) Acompañar/orientar a los usuarios en la recogida de documentación solicitada por el trabajador social.

d) Incluir a los usuarios en grupos del centro bajo su propio criterio profesional.

e) Acompañamiento de los usuarios a los equipamientos en su primer día.

13. Los Centros de atención a la infancia:

a) Son un servicio de atención social primaria de la red de Servicios Sociales del Ayuntamiento de Madrid para la atención psicológica, social y educativa a todos los menores de edad que residen en el municipio.

b) Son un servicio de atención social especializada de la red de Servicios Sociales del Ayuntamiento de Madrid para la atención psicológica, social y educativa a menores de edad, en situación de desprotección (riesgo grave o presunto desamparo) y a sus familias.

c) Son un servicio de atención educativa para los menores en situación de desprotección que se encuentran separados de su familia biológica.

14. ¿A quién se dirige el Programa de Apoyo Socioeducativo y Prelaboral para Adolescentes (ASPA)?

a) Adolescentes y jóvenes en situación de riesgo o de conflicto social, de 12 a 21 años, residentes en el municipio de Madrid.

b) Adolescentes y jóvenes en situación de riesgo o de conflicto social, de 10 a 25 años, residentes en el municipio de Madrid.

c) Adolescentes y jóvenes en situación de riesgo o de conflicto social, de 15 a 20 años, residentes en el municipio de Madrid.

15. Cuando la Comunidad de Madrid asuma la tutela o la guarda de un niño elaborará, de forma coordinada con las administraciones locales competentes en servicios sociales, un plan individual de protección. El objetivo de este plan será prioritariamente:

a) Agilizar el proceso de adopción para que el menor esté el menor tiempo posible en centros de acogida.

b) El retorno del niño con su familia de origen, siempre que este sea posible.

c) Ninguna es correcta.

16. De entre las modalidades que puede presentar el maltrato infantil, la falta "persistente" de respuesta a las señales (llanto, sonrisa…), expresiones emocionales y conductas procuradoras de proximidad e interacción iniciadas por el niño y falta de iniciativa de interacción y contacto por parte de una figura adulta hace referencia a:

a) Abandono emocional.

b) Maltrato físico.

c) Maltrato institucional.

17. ¿A qué se hace referencia exactamente con "el conjunto de actuaciones para la atención de las necesidades del menor tendentes a garantizar su desarrollo integral y a promover una vida familiar normalizada, lo que garantizará a su vez los derechos de los menores"?

a) Intervención con menores.

b) Protección de menores.

c) Política de menores.

18. Son centros de primera acogida especializados en la atención de menores de seis años que por sus circunstancias, enfermedad grave o necesidad de valoración no pueden incorporarse a una familia, siendo su objetivo la incorporación de los niños a una familia en el menor tiempo posible:

a) Residencias de primera infancia.
b) Residencias infantiles.
c) Hogares.

19. Los Centros de día infantiles son recursos dirigidos a niños y niñas en donde se les presta atención y cuidado al finalizar la jornada escolar. ¿Qué edades comprende la atención en este recurso?

a) Niños y niñas de 3 a 12 años.
b) Niños y niñas de 0 a 6 años.
c) Niños y niñas a partir de 12 años.

20. Con frecuencia, el agresor utiliza el control de los recursos económicos de la familia para subrayar este desprecio: no atender suficientemente las necesidades económicas de las mujeres y de los hijos o desarrollar un comportamiento despótico y caprichoso con la administración del dinero. Esto sucede sobre todo cuando existe violencia hacia la mujer de tipo:

a) Físico.
b) Sexual.
c) Psicológico.

Solución al test n.º 17

1. b) Ley 12/2022, de 21 de diciembre, de Servicios Sociales de la Comunidad de Madrid.

2. a) Favorecer la integración social, la igualdad de oportunidades, la autonomía personal, la convivencia familiar, la participación social y el bienestar social de todas las personas, familias y grupos, mediante una función promotora, preventiva, protectora y de atención frente a las necesidades sociales originadas por situaciones de vulnerabilidad, exclusión, desprotección, desamparo, dependencia, urgencia o emergencia social.

3. b) Función de la Atención Social Especializada.

4. c) Derechos, Garantías y Protección Integral de la Infancia y la Adolescencia de la Comunidad de Madrid.

5. b) Se propiciará la integración y normalización de la vida del menor en un recurso especializado.

6. c) Situación de desamparo.

7. c) Trastorno facticio aplicado a otro.

8. c) Es un fenómeno exclusivo de algunos países, culturas y clases sociales concretos.

9. b) Un servicio especializado en atención de emergencia y protección a las víctimas de violencia de género en el ámbito de la pareja o expareja que atiende en primera instancia como dispositivo referencial de primer nivel y facilita el acceso a otros recursos que configuran la red especializada.

10. c) Efectuar una buena acogida, atendiendo no solo a las necesidades físicas más urgentes (comida, aseo, cama, etc.) sino también la organización de actividades culturales y recreativas.

11. c) Ambas son correctas.

12. b) Incluir a los usuarios en grupos del centro bajo su propio criterio profesional.

13. b) Son un servicio de atención social especializada de la red de Servicios Sociales del Ayuntamiento de Madrid para la atención psicológica, social y educativa a menores de edad, en situación de desprotección (riesgo grave o presunto desamparo) y a sus familias.

14. a) Adolescentes y jóvenes en situación de riesgo o de conflicto social, de 12 a 21 años, residentes en el municipio de Madrid.

15. b) El retorno del niño con su familia de origen, siempre que este sea posi-ble.

16. a) Abandono emocional.

17. b) Protección de menores.

18. a) Residencias de primera infancia.

19. a) Niños y niñas de 3 a 12 años.

20. c) Psicológico.

TEST N.º 18

La Emergencia Social como objeto de los Servicios Sociales. Samur Social, como Servicio de Atención a la Emergencia Social

1. La situación de carácter excepcional o extraordinario, o de agravamiento de las circunstancias personales o familiares, con incidencia en las condiciones de vulnerabilidad, que requiera una respuesta inmediata por parte del Sistema Público de Servicios Sociales se considera:

a) Urgencia social.
b) Emergencia social.
c) Urgencia vital.

2. Una inundación se considera:

a) Emergencia individual o familiar.
b) Emergencia colectiva.
c) Gran emergencia y/o catástrofe.

3. El desalojo de un edificio supone una:

a) Emergencia individual o familiar.
b) Emergencia colectiva.
c) Gran emergencia y/o catástrofe.

4. La activación del Servicio de Emergencia Social se efectúa:

a) A través del 112.
b) A requerimiento de otros dispositivos de intervención.
c) Ambas son correctas.

5. ¿En qué año se pone en marcha el Servicio de Emergencia Social de Comunidad de Madrid?

a) 2004.
b) 2010.
c) 2020.

6. No es una de las actuaciones principales del Servicio de Emergencia Social:

a) Atención telefónica 24 horas.

b) Análisis y valoración de las emergencias sociales que se producen durante el horario de atención de los servicios sociales municipales de atención social primaria.

c) Colaboración con otros servicios de emergencia en la atención de grandes emergencias, catástrofes y crisis humanitarias.

7. La Campaña Contra el Frío de la Comunidad de Madrid:

a) Se desarrolla durante los meses de diciembre y enero.

b) Tiene como objetivo incrementar las plazas de alojamiento de emergencia en los meses más fríos.

c) Ambas son correctas.

8. El Plan de Actuación ante Episodios de Altas Temperaturas se concreta, entre otras actuaciones en la habilitación desde el 15 de junio al 30 de septiembre de un punto frio con atención desde las 12:00 horas hasta las 20:00 horas para la atención a emergencias de personas afectadas por olas de calor. ¿Qué capacidad tiene este punto frío?

a) 15 personas.

b) 20 personas.

c) 30 personas.

9. Cada unidad móvil del Servicio de Emergencia Social de la Comunidad de Madrid cuenta con un equipo técnico integrado por:

a) Un trabajador social y un integrador social con formación y experiencia en situaciones de emergencia y urgencia social.

b) Un Psicólogo y un trabajador social con formación y experiencia en situaciones de emergencia y urgencia social.

c) Un trabajador social y un educador social con formación y experiencia en situaciones de emergencia y urgencia social.

10. Entre las prestaciones de emergencia social se encuentra:

a) Servicio de acompañamiento social de urgencia (SASU).

b) Prestaciones económicas de emergencia.

c) Ambas son correctas.

11. ¿De cuántos comedores sociales adscritos a la Agencia Madrileña de Atención Social (AMAS) dispone la Red Abierta de Comedores Sociales de la Comunidad de Madrid?

a) 4.

b) 8.

c) 10.

12. Uno de los requisitos para acceder al servicio de comedores sociales es:

a) No superar en ingresos el 1,15 del Indicador Público de Renta de Efectos Múltiples (IPREM) establecido con carácter anual en la Ley de Presupuestos Generales del Estado.
b) No superar en ingresos el 1,20 del Indicador Público de Renta de Efectos Múltiples (IPREM) establecido con carácter anual en la Ley de Presupuestos Generales del Estado.
c) No superar en ingresos el 1,30 del Indicador Público de Renta de Efectos Múltiples (IPREM) establecido con carácter anual en la Ley de Presupuestos Generales del Estado.

13. Uno de los objetivos del SAMUR Social es:

a) Intervenir en todas aquellas situaciones de emergencia/urgencia social, tanto individuales, familiares, como colectivas, producidas en la vía pública, en domicilios particulares o cualquier otro lugar del municipio.
b) En grandes emergencias, intervenir de forma coordinada con otros servicios de respuesta en emergencias (Bomberos, Policía Municipal, SAMUR-Protección Civil, etc.).
c) Ambas son correctas.

14. En 2021 se realizó una reordenación de las labores del SAMUR Social. Desde ese momento, el Departamento de SAMUR Social y Emergencia Social se encarga de:

a) Emergencias/urgencias sociales.
b) Atención a personas sin hogar.
c) Ambas son correctas.

15. ¿Cómo se denomina Central del SAMUR Social?

a) Darío Pérez Madera.
b) Enrique Tierno Galván.
c) Clara Campoamor.

16. Una de las características del el CEMUS (Centro Municipal de Urgencias Sociales) es:

a) Puede activar en menos de una hora hasta 30 plazas de alojamiento.
b) Puede activar en un periodo inferior a 2 horas hasta 50 plazas de alojamiento.
c) Puede activar en un periodo inferior a 2 horas hasta 30 plazas de alojamiento.

17. ¿Cuál es la dotación de personal de cada unidad móvil del SAMUR social en la ciudad de Madrid?

a) Un trabajador social y dos auxiliares de servicios sociales con experiencia en situaciones de emergencia/urgencia social y conocimiento de idiomas.
b) Un trabajador social, un educador social y un auxiliar de servicios sociales con experiencia en situaciones de emergencia/urgencia social y conocimiento de idiomas.

c) Un psicólogo, un trabajador social, un educador social y un auxiliar de servicios sociales con experiencia en situaciones de emergencia/urgencia social y conocimiento de idiomas.

18. La Carta de Servicios de SAMUR Social 2024 incluye el servicio de Atención social telefónica y gestión de la emergencia social. ¿Cuál de las siguientes actividades no se incluye en este servicio?

a) Informar y orientar sobre los servicios y prestaciones de los servicios sociales municipales.

b) Activar y coordinar los recursos con los que cuenta SAMUR Social.

c) Proporcionar alojamiento con carácter temporal y transitorio a personas que han sufrido situaciones de emergencia.

19. El Plan de Emergencias Invernales del Ayuntamiento de Madrid se activa anualmente. Aunque es aplicable en cualquier momento, el periodo de riesgo establecido para la ciudad de Madrid para inclemencias invernales es el comprendido entre:

a) El 22 de septiembre y el 22 de febrero.

b) El 21 de noviembre y el 31 de marzo.

c) El 22 de octubre y el 31 de enero.

20. Es un centro especializado en la gestión de emergencias para incidencias en infraestructuras críticas de la ciudad de Madrid:

a) SAMUR social.

b) Gestor de Información Mando Único (GIMU).

c) Protección Civil.

Solución al test n.º 18

1. a) Urgencia social.

2. c) Gran emergencia y/o catástrofe.

3. b) Emergencia colectiva.

4. c) Ambas son correctas.

5. a) 2004.

6. b) Análisis y valoración de las emergencias sociales que se producen durante el horario de atención de los servicios sociales municipales de atención social primaria.

7. b) Tiene como objetivo incrementar las plazas de alojamiento de emergencia en los meses más fríos.

8. b) 20 personas.

9. a) Un trabajador social y un integrador social con formación y experiencia en situaciones de emergencia y urgencia social.

10. c) Ambas son correctas.

11. a) 4.

12. a) No superar en ingresos el 1,15 del Indicador Público de Renta de Efectos Múltiples (IPREM) establecido con carácter anual en la Ley de Presupuestos Generales del Estado.

13. c) Ambas son correctas.

14. a) Emergencias/urgencias sociales.

15. a) Darío Pérez Madera.

16. c) Puede activar en un periodo inferior a 2 horas hasta 30 plazas de alojamiento.

17. a) Un trabajador social y dos auxiliares de servicios sociales con experiencia en situaciones de emergencia/urgencia social y conocimiento de idiomas.

18. c) Proporcionar alojamiento con carácter temporal y transitorio a personas que han sufrido situaciones de emergencia.

19. b) El 21 de noviembre y el 31 de marzo.

20. b) Gestor de Información Mando Único (GIMU).

TEST N.º 19

El Auxiliar de Servicios Sociales en situaciones de emergencia y evacuación en los distintos equipamientos de la Red de Servicios Sociales Municipales

1. ¿En qué Real Decreto se aprueba la Norma Básica de Autoprotección de los centros, establecimientos y dependencias dedicados a actividades que puedan dar origen a situaciones de emergencia?

a) El Real Decreto 345/2017, de 5 de mayo.
b) El Real Decreto 393/2007, de 23 de marzo.
c) El Real Decreto 266/2004, de 7 de julio.

2. ¿En qué tipo de emergencia no es necesaria la intervención de medios externos?

a) Conato de emergencia.
b) Emergencia parcial.
c) Emergencia general.

3. ¿En qué situación es precisa la ayuda de medios de salvamento y socorro externos?

a) Conato de emergencia.
b) Emergencia parcial.
c) Emergencia general.

4. Cuando la situación supera los medios humanos y materiales con los que cuenta el edificio, hablamos de:

a) Conato de emergencia.
b) Emergencia parcial.
c) Emergencia general.

5. La situación de emergencia general:

a) Solo puede ser declarada por personas de la empresa autorizadas para ello.
b) Puede ser declarada por cualquier persona que detecte el problema.
c) Puede ser declarada por cualquier persona que detecte el problema, siempre que pertenezca a la empresa.

6. El plan de emergencias debe ser conocido:

a) Por todos los trabajadores y ocupantes habituales.
b) Solo por el director del Plan de Autoprotección y el director o directora del plan de actuación en emergencia, en caso de ser distintos.
c) Solo por las personas que estén interesadas en conocerlo.

7. Señala la respuesta correcta sobre la evacuación:

a) No requiere planificación.
b) Consiste en desalojar y abandonar una zona afectada a causa de una emergencia.
c) Las dos respuestas son correctas.

8. Señala la respuesta correcta sobre el proceso de evacuación:

a) Sea cual sea la causa de la emergencia, el proceso de evacuación no va a variar, sino que procederemos siempre de la misma forma.
b) Se desarrolla en tres etapas: alarma, decisión y salida.
c) No precisa de una señalización específica.

9. La Norma Básica de Autoprotección establece que en los procedimientos preventivos y de control de riesgos que se establezcan se debe tener en cuenta:

a) Asistencia a cursos sobre prevención de riesgos laborales.
b) Formación en primeros auxilios.
c) Comunicación de anomalías o incidencias al titular de la actividad.

10. Los procedimientos de actuación en emergencia deberán garantizar varios aspectos, entre ellos la Norma Básica de Autoprotección no incluye:

a) La intervención coordinada.
b) La solicitud y recepción de ayuda externa de los servicios de emergencia.
c) El traslado prioritario de las personas con discapacidad.

11. El documento del Plan de Autoprotección debe contener un anexo en el que se incluya:

a) Un dosier con las situaciones de emergencia previas, cuál ha sido la respuesta y el grado de eficacia de la intervención.
b) Los planos necesarios requeridos en cada capítulo.
c) La normativa sobre actuación en caso de emergencia.

12. El documento del Plan de Autoprotección se estructura en varios capítulos; ¿cuál no es uno de ellos, según la Norma Básica de Autoprotección?

a) Inventario, análisis y evaluación de riesgos.
b) Plan de actuación ante emergencias.
c) Vías principales y vías alternativas de evacuación.

13. El Plan de actuación ante emergencias comprende, entre otros:

a) Identificación del responsable de la puesta en marcha del Plan de Actuación ante Emergencias.
b) Procedimientos para la identificación de todas las personas que se encuentran en el edificio en el momento en que se declara la situación de emergencia.
c) Identificación de los servicios externos de emergencias disponibles.

14. Según la Norma Básica de Autoprotección, el Capítulo 8: Implantación del Plan de Autoprotección, debe contener, entre otros:

a) Programa de formación y capacitación para todos los usuarios.
b) Programa de información general para el personal con participación activa en el Plan de Autoprotección.
c) Identificación del responsable de la implantación del Plan.

15. Según la Norma Básica de Autoprotección, el programa de ejercicios y simulacros:

a) No se incluye en el plan de autoprotección. Tiene carácter voluntario.
b) Debe incluirse en el capítulo 9 del plan de autoprotección, el que se dedica al mantenimiento de la eficacia y actualización del Plan de Autoprotección.
c) Los simulacros son contraproducentes, pues cuando el personal se habitúa a ellos, en caso de necesidad no actuaría con la misma celeridad.

16. En el documento del Plan de Autoprotección, los formularios para la gestión de emergencias, deben incluirse:

a) Como un anexo.
b) En el primer capítulo.
c) Aunque es obligatorio disponer de ellos, no es necesario incluirlos en el documento del Plan de Autoprotección.

17. ¿Qué necesidades específicas presentan las personas usuarias de sillas de ruedas en caso de evacuación?

a) Más tiempo y espacios más amplios.
b) Señales visuales acompañando a las acústicas que nos alertan de una emergencia.
c) Sistemas aumentativos de comunicación.

18. En caso de evacuación tenemos que tener en cuenta las necesidades de las personas con trastornos del espectro de autismo, ya que son personas:

a) Con movilidad reducida.
b) Con dificultades de control y percepción.
c) Con dificultades sensoriales.

19. En situación de emergencia y evacuación, ¿qué personas necesitarían instrucciones divididas en pasos sencillos o conceptos básicos, señalización escrita y pictográfica y acompañar los mensajes que se transmitan por altavoces con avisos visuales en paneles?

a) Las personas con discapacidad auditiva.

b) Las personas con discapacidad intelectual.

c) Las personas con movilidad reducida a causa de enfermedad orgánica.

20. En los centros que acogen a personas con especial dificultad para la movilidad en las evacuaciones se da prioridad a:

a) La evacuación horizontal.

b) La evacuación vertical.

c) La rápida actuación de los servicios de emergencia para evitar la evacuación.

Solución al test n.º 19

1. b) El Real Decreto 393/2007, de 23 de marzo.

2. a) Conato de emergencia.

3. c) Emergencia general.

4. c) Emergencia general.

5. a) Solo puede ser declarada por personas de la empresa autorizadas para ello.

6. a) Por todos los trabajadores y ocupantes habituales.

7. b) Consiste en desalojar y abandonar una zona afectada a causa de una emergencia.

8. a) Sea cual sea la causa de la emergencia, el proceso de evacuación no va a variar, sino que procederemos siempre de la misma forma.

9. c) Comunicación de anomalías o incidencias al titular de la actividad.

10. c) El traslado prioritario de las personas con discapacidad.

11. b) Los planos necesarios requeridos en cada capítulo.

12. c) Vías principales y vías alternativas de evacuación.

13. a) Identificación del responsable de la puesta en marcha del Plan de Actuación ante Emergencias.

14. c) Identificación del responsable de la implantación del Plan.

15. b) Debe incluirse en el capítulo 9 del plan de autoprotección, el que se dedica al mantenimiento de la eficacia y actualización del Plan de Autoprotección.

16. a) Como un anexo.

17. a) Más tiempo y espacios más amplios.

18. b) Con dificultades de control y percepción.

19. b) Las personas con discapacidad intelectual.

20. a) La evacuación horizontal.

TEST N.º 20

El Auxiliar de Servicios Sociales en los Centros de Servicios Sociales de la Red Municipal de Atención Social Primaria. Acogida y atención al público en los Centros de Servicios Sociales

1. ¿Cuándo se elaboró y publicó el Reglamento de Organización y Funcionamiento de los Centros de Servicios Sociales municipales?

a) En 1989.
b) En 2003.
c) En 2022.

2. ¿Quién se responsabiliza de que cada Unidad de Trabajo cumpla con las funciones asignadas, tomando en su caso las medidas necesarias para lograrlo?

a) El Jefe de sección.
b) El Coordinador de Servicios Sociales.
c) El Director del Centro de Servicios Sociales.

3. ¿Qué periodo comprende el Plan Estratégico de Servicios Sociales de la ciudad de Madrid?

a) 2020-2024.
b) 2021-2025.
c) 2023-2027.

4. El Reglamento de Organización y Funcionamiento de los Centros de Servicios Sociales establece que cada Centro de Servicios Sociales contará como mínimo con:

a) Un auxiliar de servicios sociales.
b) Dos auxiliares de servicios sociales.
c) Tres auxiliares de servicios sociales.

5. ¿En qué niveles se organiza el sistema público de servicios sociales?

a) Atención Social Primaria y Atención Social Especializada.
b) Atención Social Primaria y Zona.
c) Ninguna de las anteriores.

6. Cuando hablamos de las entrevistas que se realizan en la UTS - Primera Atención, estas deberían tener una duración máxima de aproximadamente:

a) 10 minutos.
b) 20 minutos.
c) Una hora.

7. En la aplicación informática de la Ficha de Usuario de Primera Atención se produce "caída" automática cuando hayan transcurrido:

a) 2 meses a partir de la última codificación de entrevista o visita sin que el Trabajador Social de UTS - Primera Atención haya cerrado la correspondiente Ficha de Usuario de Primera Atención.
b) 3 meses a partir de la última codificación de entrevista o visita sin que el Trabajador Social de UTS - Primera Atención haya cerrado la correspondiente Ficha de Usuario de Primera Atención.
c) 4 meses a partir de la última codificación de entrevista o visita sin que el Trabajador Social de UTS - Primera Atención haya cerrado la correspondiente Ficha de Usuario de Primera Atención.

8. Es el "Documento en el que se registran exhaustivamente los datos personales, familiares, sanitarios, de vivienda, económicos, laborales, educativos y cualesquiera otros significativos de la situación socio-familiar de una persona usuaria, la demanda, el diagnóstico y subsiguiente intervención y la evolución de tal situación":

A) Ficha social.
b) Historia social.
c) Diseño de Intervención Social.

9. El Plan estratégico consta de dos Ejes de actuación que marcan las líneas estratégicas en las que se despliegan las diferentes medidas y un eje transversal que lo inspira y lo sustenta. ¿Cuál es este eje transversal?

a) La organización interna del Sistema Público de Servicios Sociales de la ciudad de Madrid.
b) La relación con otros sistemas.
c) Las personas.

10. El acceso al circuito de atención en los Servicios Sociales se realiza a través de una unidad, que a su vez será la encargada de llevar a cabo la recepción y canalización de los usuarios:

a) Unidad Administrativa.
b) Unidad de Trabajo Social de Primera Atención.
c) Unidad de Trabajo Social de Zona.

11. Los profesionales de la Unidad Administrativa dedicados a estas tareas se ubicarán preferentemente:

a) En un lugar identificado de forma visible para los usuarios, a ser posible con un cartel indicador.
b) En un lugar próximo a los despachos de los Trabajadores Sociales de Primera Atención.
c) Las respuestas a) y b) son correctas.

12. ¿Cómo tiene que ser la información facilitada al usuario?

a) Objetiva.
b) Breve.
c) Subjetiva.

13. Usuarios que expresan una situación de urgencia, ¿requieren una atención inmediata, con independencia de que sean casos nuevos o con expediente en activo?

a) Sí, siempre.
b) No, nunca.
c) A veces.

14. ¿Cuál es la definición de urgencia social?

a) Es aquella situación de desprotección social provocada por un hecho inesperado, del que es consciente la persona o familia en la que incide. La atención que se precisa es inmediata e ineludible, para evitar que esta situación se agrave y/o genere mayor perjuicio a la persona o familia afectada.
b) Situación provocada por un hecho inesperado, debido a causas naturales o provocadas que afecta a un conjunto de personas o colectividad.
c) Situación provocada por un hecho imprevisible, debido a causas naturales o provocadas que afecta a un conjunto de personas o colectividad.

15. ¿Cuáles son supuestos de urgencia?

a) Agresiones o malos tratos, abandonos, problemas de alojamiento/ vivienda, situaciones de desprotección social, salud mental.

b) Agresiones o malos tratos, abandonos, problemas de alojamiento/ vivienda, situaciones de desprotección social, situaciones de desprotección socio-familiar.

c) Agresiones o malos tratos, dependencia, problemas de alojamiento/ vivienda, situaciones de desprotección social, situaciones de desprotección socio-familiar.

16. ¿Qué Unidad de Trabajo Social lleva a cabo una valoración inicial de los casos y la detección del riesgo social?

a) UTS - Primera Atención.
b) UTS - Zona.
c) Unidad de Programas.

17. En el caso de que las prestaciones valoradas en Primera Atención sean una prestación de Zona y otra de Primera Atención, ¿qué UTS llevará a cabo la tramitación?

a) Ambas prestaciones serán tramitadas en Zona.
b) Ambas prestaciones serán tramitadas en Primera Atención.
c) Ambas prestaciones serán tramitadas en la Unidad de Programas.

18. ¿Qué es la FUPA?

a) Ficha de usuario de primer acceso.
b) Ficha de usuario de para abrir.
c) Ficha de usuario de primera atención.

19. ¿Qué instrumento es exclusivo de la UTS - Zona?

a) Informe Social.
b) Historia Social.
c) FUPA.

20. ¿Cuál de estas afirmaciones se corresponden con funciones propias del Auxiliar de Servicios Sociales?

a) Acogida, información y acompañamiento a las personas usuarias de los Servicios Sociales.

b) Elaboración y cumplimentación de los documentos relativos al trabajo del Auxiliar de Servicios Sociales (fichas de ingresos, parte de incidencias...).

c) Ambas son correctas.

Solución al test n.º 20

1. a) En 1989.

2. c) El Director del Centro de Servicios Sociales.

3. c) 2023-2027.

4. b) Dos auxiliares de servicios sociales.

5. a) Atención Social Primaria y Atención Social Especializada.

6. b) 20 minutos.

7. c) 4 meses a partir de la última codificación de entrevista o visita sin que el Trabajador Social de UTS - Primera Atención haya cerrado la correspondiente Ficha de Usuario de Primera Atención.

8. b) Historia social.

9. c) Las personas.

10. a) Unidad Administrativa.

11. c) Las respuestas a) y b) son correctas.

12. a) Objetiva.

13. a) Sí, siempre.

14. a) Es aquella situación de desprotección social provocada por un hecho inesperado, del que es consciente la persona o familia en la que incide. La atención que se precisa es inmediata e ineludible, para evitar que esta situación se agrave y/o genere mayor perjuicio a la persona o familia afectada.

15. b) Agresiones o malos tratos, abandonos, problemas de alojamiento/ vivienda, situaciones de desprotección social, situaciones de desprotección socio-familiar.

16. a) UTS - Primera Atención.

17. a) Ambas prestaciones serán tramitadas en Zona.

18. c) Ficha de usuario de primera atención.

19. b) Historia Social.

20. c) Ambas son correctas.

TEST N.º 21

Auxiliar de Servicios Sociales en relación a la atención a personas en situación de dependencia o personas con discapacidad

1. Es un término general que se utiliza para designar deficiencias, limitaciones en actividades de diversa índole y restricciones en la participación de las personas en la vida de la comunidad:

a) Dependencia.
b) Discapacidad.
c) Incapacidad.

2. Los servicios que contempla la ayuda a domicilio a personas con discapacidad incluyen dos modalidades. ¿Cuál es la incorrecta?

a) Atención doméstica.
b) Atención sanitaria.
c) Atención personal.

3. Para solicitar el acceso al Centro de Día para personas con discapacidad intelectual "Navas de Tolosa" es necesario estar empadronado en el municipio de Madrid en el momento de la solicitud, teniendo preferencia el Distrito de:

a) Villaverde.
b) Carabanchel.
c) Usera.

4. No es uno de los servicios que se presta en el Centro de Día para personas con discapacidad intelectual "Navas de Tolosa":

a) Atención psicosocial desde una metodología basada en la PCP (Planificación Centrada en la Persona).
b) Área de informática (mediante el programa educativo SmartBrain se trabaja la estimulación y el desarrollo de las capacidades cognitivas de las personas adultas.
c) Respiro familiar.

5. La actividad en el Centro Ocupacional para personas con discapacidad intelectual (Villaverde) se organiza en tres áreas que son:

a) Área Ocupacional, Área Psicosocial y Área de Inserción Laboral.
b) Área prelaboral, Área Psicosocial y Área de desarrollo personal.
c) Área Ocupacional, Área de autonomía personal y Área de Inserción social.

6. Hay varias modalidades de Programas de Respiro Familiar según el colectivo al que se dirige. ¿Cuál es el incorrecto?

a) Personas con discapacidad intelectual.
b) Personas con daño cerebral sobrevenido.
c) Personas con discapacidad sensorial.

7. Los Centros Abiertos especiales ofrecen actividades lúdicas y que favorecen la autonomía personal, dirigidas a:

a) Menores y jóvenes entre 3 y 21 años con discapacidad escolarizados en Centros de Educación Especial y residentes en el municipio de Madrid.
b) Alumnos de 3 a 18 años con discapacidad intelectual residentes en la comunidad de Madrid.
c) Alumnos de 3 a 12 años con discapacidad escolarizados en la modalidad ordinaria y residentes en el municipio de Madrid.

8. ¿Dónde se gestiona el acceso a los servicios de ayuda a domicilio para personas en situación de dependencia?

a) En los Centros de Servicios Sociales de la Ciudad de Madrid.
b) En los Centros de Salud, a través del Trabajador Social.
c) En al Ayuntamiento.

9. ¿Puede ser beneficiaria del servicio de ayuda a domicilio una persona con nacionalidad de un país extracomunitario?

a) No. Solo pueden ser beneficiarios los españoles o las personas con nacionalidad de cualquier Estado miembro de la Unión Europea.
b) Sí, siempre que tengan residencia legal en España.
c) Sí. En todos los casos.

10. La ayuda económica para adaptaciones geriátricas cubre:

a) Como máximo el 75% del coste del servicio que se subvenciona, debiendo el resto ser aportado por el beneficiario.
b) Como máximo el 90% del coste del servicio que se subvenciona, debiendo el resto ser aportado por el beneficiario.
c) Puede llegar al 100% en el caso de rentas más bajas.

11. ¿Qué tipo de servicios se presta en los centros de día para personas en situación de dependencia?

a) Atención psicosocial, preventiva y rehabilitadora.

b) Como sustitución del hogar familiar, ofrecen alojamiento, convivencia y atención integral.

c) Actividades laborales, personales y sociales para el desarrollo de su autonomía, capacitación social y habilitación laboral.

12. El servicio de comida a domicilio es un servicio destinado a personas mayores de 65 años, empadronadas en el municipio de Madrid, que viven solas o conviven con una persona dependiente y tienen escasos apoyos familiares y que además presentan:

a) Dependencia en la preparación de alimentos por presentar limitaciones físicas, psíquicas o sensoriales.

b) Necesidades nutricionales difícilmente garantizables sin este servicio.

c) Ambas son correctas.

13. El Programa Cuidar a Quienes Cuidan, de la Dirección General de Mayo-res y Prevención de la Soledad No Deseada:

a) Es una actividad psicoterapéutica y educativa, que se desarrolla desde el año 2020.

b) Se desarrolla durante 18 sesiones grupales para personas cuidadoras sobrecargadas, dirigidas por profesionales de Psicología (especialidades clínica y social), Educación Social, Enfermería, Terapia Ocupacional, Trabajo Social y Derecho, entre otros.

c) Ambas son correctas.

14. El Servicio de Lavandería Domiciliaria se concibe como una prestación no esencial, en el marco de los Servicios de Ayuda a Domicilio, del que pueden ser beneficiarias:

a) Cualquier persona empadronada en el municipio de Madrid, siempre que participe en el coste del servicio en función de las horas recibidas y de su capacidad económica.

b) Todas las personas mayores de 65 años empadronadas en el municipio de Madrid.

c) Personas menores de 65 años en situación de riesgo social o exclusión social o con una situación de dependencia tal, que conlleve la necesidad del servicio.

15. Los productos de apoyo están concebidos como una prestación:

a) Temporal.

b) Permanente.

c) Depende del caso.

16. El servicio de teleasistencia para personas en situación de dependencia funciona:

a) Las 24 horas, todos los días del año.
b) Las 24 horas de lunes a viernes.
c) De 8:00 a 22:00 de lunes a viernes.

17. El servicio municipal de productos de apoyo (grúas y camas articuladas) es un servicio dirigido a:

a) Personas mayores de 65 años en situación de dependencia.
b) Personas de cualquier edad con discapacidad.
c) Personas mayores de 65 años, que presenten un grado de autonomía funcional tal, que les obligue a mantenerse encamados por periodos prolongados o les impida el desenvolvimiento autónomo en domicilio.

18. ¿Qué es un colchón antiescaras?

a) Es un colchón con una capa de aire que se infla automáticamente cuando detecta presión, proporcionando un masaje continuo que mejora la circulación sanguínea.
b) Un colchón que ayuda a conciliar el sueño.
c) Un colchón que evita o reduce el riesgo de aparición de úlceras o que estas empeoren por la falta o dificultad en el movimiento.

19. La modalidad de atención personal en el servicio de ayuda a domicilio para personas en situación de dependencia no incluye:

a) Apoyar en traslados y movilizaciones dentro del hogar.
b) Ayudar en la toma de medicamentos prescritos (no están incluidas las actividades de carácter sanitario).
c) Preparar comidas en el hogar.

20. El Centro de Día para personas con discapacidad intelectual "Navas de Tolosa" está destinado a:

a) Personas con discapacidad intelectual leve o moderada.
b) Personas con discapacidad intelectual moderada o severa.
c) Personas con discapacidad intelectual severa o profunda y trastornos asociados.

Solución al test n.º 21

1. b) Discapacidad.

2. b) Atención sanitaria.

3. a) Villaverde.

4. c) Respiro familiar.

5. a) Área Ocupacional, Área Psicosocial y Área de Inserción Laboral.

6. c) Personas con discapacidad sensorial.

7. a) Menores y jóvenes entre 3 y 21 años con discapacidad escolarizados en Centros de Educación Especial y residentes en el municipio de Madrid.

8. a) En los Centros de Servicios Sociales de la Ciudad de Madrid.

9. b) Sí, siempre que tengan residencia legal en España.

10. b) Como máximo el 90% del coste del servicio que se subvenciona, debiendo el resto ser aportado por el beneficiario.

11. a) Atención psicosocial, preventiva y rehabilitadora.

12. c) Ambas son correctas.

13. c) Ambas son correctas.

14. c) Personas menores de 65 años en situación de riesgo social o exclusión social o con una situación de dependencia tal, que conlleve la necesidad del servicio.

15. a) Temporal.

16. a) Las 24 horas, todos los días del año.

17. c) Personas mayores de 65 años, que presenten un grado de autonomía funcional tal, que les obligue a mantenerse encamados por periodos prolongados o les impida el desenvolvimiento autónomo en domicilio.

18. c) Un colchón que evita o reduce el riesgo de aparición de úlceras o que estas empeoren por la falta o dificultad en el movimiento.

19. c) Preparar comidas en el hogar.

20. c) Personas con discapacidad intelectual severa o profunda y trastornos asociados.

TEST N.º 22

Los Servicios de Ayuda a Domicilio: perfil de usuarios, servicios, prestaciones y el papel del Auxiliar de Servicios Sociales

1. ¿Qué normativa regula el Servicio de Ayuda a Domicilio en el Ayuntamiento de Madrid?

a) Ordenanza 14/2021, de 26 de enero.
b) Ordenanza 10/2022, de 28 de junio.
c) Ordenanza 13/2024, de 13 de mayo.

2. Uno de los requisitos que deben reunir las personas para poder acceder a los Servicios de Ayuda a Domicilio del Ayuntamiento de Madrid es:

a) Las personas que, no siendo titulares de derechos conforme a lo establecido en la Ley 39/2006, de 14 de diciembre, de Promoción de la Autonomía Personal y Atención a las personas en situación de dependencia, se encuentren en una situación de necesidad o vulnerabilidad social, de deterioro físico o psíquico o de violencia de género.
b) Las personas que tengan reconocida una situación de dependencia al amparo de la Ley 39/2006, de 14 de diciembre, hasta tanto les corresponda la efectividad de las prestaciones o servicios establecidos en el Programa Individual de Atención (PIA), si existe un riesgo grave e inminente de deterioro en su situación personal.
c) Ambas son correctas.

3. Para acceder al servicio de ayuda a domicilio para personas mayores o personas con discapacidad, en sus modalidades de atención personal y atención doméstica, será necesario acreditar, en el momento de presentación de la solicitud tener cumplidos 65 años, con algunas excepciones, entre las que no se encuentra:

a) Quienes tengan reconocida una discapacidad o un grado de dependencia por el órgano competente de la Comunidad Autónoma de Madrid.
b) Quienes acrediten mediante informe médico tener algún grado de deterioro cognitivo.
c) Quienes accedan a los centros municipales de Atención Integral Neurocognitiva.

4. Siguiendo el artículo 3 de la ordenanza10/2022, de 28 de junio, la modalidad de atención doméstica del servicio de ayuda a domicilio podrá incluir las siguientes actividades, excepto:

a) Limpieza o ayuda a la limpieza cotidiana de la vivienda y a su mantenimiento en condiciones aceptables de higiene y salubridad.

b) Preparación de comidas adecuadas a la dieta de la persona beneficiaria.

c) Ayuda en la ingesta de alimentos, para aquellas personas beneficiarias que no puedan comer por sí mismas.

5. Siguiendo el artículo 3 de la ordenanza10/2022, de 28 de junio una de las actividades incluidas en la modalidad de atención personal del servicio de ayuda a domicilio es:

a) Lavado, planchado, repaso y ordenación de la ropa dentro del hogar.

b) Apoyo al desplazamiento dentro del hogar.

c) Adquisición de alimentos y de otros productos básicos, siempre a cargo de la persona beneficiaria del servicio.

6. En el servicio de ayuda a domicilio ¿qué modalidad tiene carácter prioritario respecto a la otra?

a) La modalidad de atención doméstica tendrá carácter prioritario respecto de la modalidad de atención personal.

b) La modalidad de atención personal tendrá carácter prioritario respecto de la modalidad de atención doméstica.

c) Ninguna tiene carácter prioritario sobre la otra.

7. La Carta de Servicios del Servicio de Ayuda a Domicilio 2024 del ayuntamiento de Madrid propone una serie de compromisos de calidad. El compromiso 6 se refiere a las actuaciones para la prevención y detección del maltrato en los Servicios de Ayuda a Domicilio, disponiendo todas las entidades colaboradoras de un protocolo de detección del maltrato. ¿Cuál es el objetivo planteado en este compromiso?

a) Que el 75% de los profesionales auxiliares domiciliarios, que lleven más de 3 meses en la empresa, estén formados en esta materia.

b) Que el 90% de los profesionales auxiliares domiciliarios, que lleven más de 6 meses en la empresa, estén formados en esta materia.

c) Que el 100% de los profesionales auxiliares domiciliarios, que lleven más de 10 meses en la empresa, estén formados en esta materia.

8. El compromiso 8 se refiere a la prestación de un servicio de calidad. ¿Cuál es el objetivo en este compromiso?

a) Que el 90% valore el servicio con una puntuación igual o superior a 5, en una escala de 0 a 10 y que al menos el 80% lo considere recomendable para otras personas.

b) Que el 85% valore el servicio con una puntuación igual o superior a 7, en una escala de 0 a 10 y que al menos el 95% lo considere recomendable para otras personas.

c) Que el 75% valore el servicio con una puntuación igual o superior a 8, en una escala de 0 a 10 y que al menos el 99% lo considere recomendable para otras personas.

9. Para determinar la valoración de la intensidad y el acceso al servicio de ayuda a domicilio se utilizan dos baremos. La intensidad de los servicios se determinará teniendo en cuenta la puntuación obtenida en:

a) El baremo físico o psíquico, y siempre que en el baremo social se alcance la puntuación mínima establecida.

b) El baremo social, y siempre que en el baremo físico o psíquico se alcance la puntuación mínima establecida.

c) El baremo que proporcione una puntuación más favorable para el acceso al servicio.

10. Si en el baremo físico o psíquico se han obtenido de 0 a 24,99 puntos se podrán asignar un máximo de:

a) 3 horas.

b) 5 horas.

c) 9 horas.

11. Una persona en situación de dependencia a obtenido una puntuación de 56 en el baremo físico o psíquico. ¿Hasta cuántas horas se le puede asignar en el servicio de ayuda a domicilio?

a) Hasta 39 horas/mes.

b) hasta 45 horas/mes.

c) hasta 65 horas/mes.

12. El orden de prelación en el acceso a los servicios de Ayuda a Domicilio para mayores y/o personas con discapacidad, vendrá determinado por la puntuación obtenida en el baremo, y a igual puntuación en dicho baremo, se tomará en cuenta, en primer lugar:

a) La edad de la persona solicitante.

b) Las situaciones de maltrato físico o psicológico, de violencia de pareja o expareja o de abandono.

c) La capacidad económica de la persona solicitante.

13. La ausencia continuada de la persona beneficiaria en servicio de ayuda a domicilio como norma general no podrá ser superior a:

a) Un mes.
b) Tres meses.
c) Cinco meses.

14. ¿Por qué motivo se podría ampliar el periodo máximo de ausencia continuada de la persona beneficiaria en servicio de ayuda a domicilio?

a) Por motivos de enfermedad debidamente acreditados mediante informe médico.
b) Por convivencias rotatorias con familiares.
c) Ambas son correctas.

15. La Carta de Servicios del Servicio de Ayuda a Domicilio 2024 del Ayuntamiento de Madrid reconoce una serie de derechos básicos. ¿Cuál no es uno de ellos?

a) Conocer la identidad del personal bajo cuya responsabilidad se presta el servicio.
b) Elegir al profesional que va a prestar el servicio.
c) Elegir el canal presencial, telefónico o electrónico a través del cual relacionarse con el Ayuntamiento (salvo que estén obligadas a relacionarse a través de medios electrónicos).

16. Según la Carta de Servicios del Servicio de Ayuda a Domicilio 2024 del Ayuntamiento de Madrid, las personas usuarias del Servicio de Ayuda a Domicilio en la ciudad de Madrid tienen derecho, además, a:

a) Tener asignado un trabajador/a social del Centro de Servicios Sociales que les corresponda, como profesional de referencia que asegure la coherencia y globalidad del proceso de atención.
b) Conocer el coste del servicio y su aportación económica al mismo, así como las modificaciones que se puedan producir.
c) Ambas son correctas.

17. Una de las obligaciones de las personas beneficiarias del servicio de ayuda a domicilio según el artículo 11 de la ordenanza10/2022, de 28 de junio es:

a) Abonar la cantidad que, en concepto de participación en el coste del servicio, se haya fijado, al adjudicarse la prestación.
b) Facilitar a la persona que va a prestar el servicio el Equipos de Protección Individual (EPI).
c) Ambas son correctas.

18. Las personas beneficiarias de los servicios participarán en su financiación de acuerdo con su Renta Mensual Per Cápita (RMPC). Excepcionalmente, la persona usuaria podrá ser eximida de la participación en la financiación del servicio cuando:

a) Tenga reconocida una discapacidad superior al 65%.

b) Padezca una especial situación de riesgo o vulnerabilidad debidamente acreditada, que será revisada anualmente.

c) No hay excepciones a la participación en el coste del servicio.

19. ¿Cómo se inicia el procedimiento de reconocimiento del Servicio de Ayuda a Domicilio?

a) El procedimiento se iniciará a instancia de la persona interesada mediante la presentación de la solicitud, en el modelo que se establezca al efecto.

b) El procedimiento se iniciará de oficio mediante la presentación de la so-licitud, en el modelo que se establezca al efecto.

c) El procedimiento se iniciará a instancia de la persona interesada o de su representante legal o voluntario mediante la presentación de la solicitud, en el modelo que se establezca al efecto.

20. ¿Qué documentación relativa a la situación familiar debe presentarse para el reconocimiento del Servicio de Ayuda a Domicilio?

a) Fotocopia del Libro de familia.

b) Fotocopia del Libro de familia y acta de matrimonio.

c) Fotocopia del Libro de familia o en su caso del justificante de inscripción en el Registro de Parejas de Hecho.

Solución al test n.º 22

1. b) Ordenanza 10/2022, de 28 de junio.

2. c) Ambas son correctas.

3. b) Quienes acrediten mediante informe médico tener algún grado de deterioro cognitivo.

4. c) Ayuda en la ingesta de alimentos, para aquellas personas beneficiarias que no puedan comer por sí mismas.

5. b) Apoyo al desplazamiento dentro del hogar.

6. b) La modalidad de atención personal tendrá carácter prioritario respecto de la modalidad de atención doméstica.

7. b) Que el 90% de los profesionales auxiliares domiciliarios, que lleven más de 6 meses en la empresa, estén formados en esta materia.

8. b) Que el 85% valore el servicio con una puntuación igual o superior a 7, en una escala de 0 a 10 y que al menos el 95% lo considere recomendable para otras personas.

9. a) El baremo físico o psíquico, y siempre que en el baremo social se alcance la puntuación mínima establecida.

10. c) 9 horas.

11. a) Hasta 39 horas/mes.

12. b) Las situaciones de maltrato físico o psicológico, de violencia de pareja o expareja o de abandono.

13. b) Tres meses.

14. c) Ambas son correctas.

15. b) Elegir al profesional que va a prestar el servicio.

16. c) Ambas son correctas.

17. a) Abonar la cantidad que, en concepto de participación en el coste del servicio, se haya fijado, al adjudicarse la prestación.

18. b) Padezca una especial situación de riesgo o vulnerabilidad debidamente acreditada, que será revisada anualmente.

19. c) El procedimiento se iniciará a instancia de la persona interesada o de su representante legal o voluntario mediante la presentación de la solicitud, en el modelo que se establezca al efecto.

20. c) Fotocopia del Libro de familia o en su caso del justificante de inscripción en el Registro de Parejas de Hecho.

TEST N.º 23

**Las Personas sin Hogar: definición, perfil y tipología.
Papel del/de la auxiliar de servicios sociales. Competencias
profesionales, actitudes, habilidades, conocimiento y capacidades
para la atención social a las personas sin hogar**

1. ¿Qué es "el sinhogarismo" según Avramov?

a) Es la falta de un alojamiento estable.
b) Es la falta de una vivienda digna.
c) Es la falta de un alojamiento adecuado y permanente que proporcione un marco estable de convivencia.

2. Uno de los elementos clave en el concepto de exclusión social es que es:

a) Estática.
b) Unifactorial.
c) Estructural.

3. La FEMP hace una tipología de las personas sin hogar según el proceso evolutivo de marginación en que se encuentren. ¿Qué caracteriza a la situación avanzada?

a) La relación familiar es escasa produciéndose contactos esporádicos. Su hábitat residencial se encuentra cada vez más lejos en la distancia física y psicológica.
b) El sujeto ha roto todo tipo de relación con la familia y otras redes de origen social y comunitario.
c) Los problemas de salud son considerables y comienzan a ser partes constitutivas de su problemática.

4. Según los últimos datos de la Encuesta de Personas Sin Hogar del INE de 2022, la cantidad de personas sin hogar alcanzan las:

a) 28.552 personas.
b) 22.938 personas.
c) 15.345 personas.

5. Entre los motivos por los que las personas abandonan su residencia antes de acabar sin hogar, el que alcanza un mayor porcentaje es:

a) Pérdida de trabajo.
b) Desahucio.
c) Tener que empezar de cero tras emigrar a otro país.

6. En relación a la edad, la media de la población en situación de sinhogarismo en el año 2022 fue de:

a) 31.9 años.
b) 42,9 años.
c) 62,9 años.

7. Según la nacionalidad de las personas sin hogar podemos decir que:

a) Existe un porcentaje mucho más elevado de personas de nacionalidad española (68%).
b) Existe un porcentaje mucho más elevado de personas extranjeras (72%).
c) Existe bastante equilibrio entre población con nacionalidad española (50,1%) y aquella con nacionalidad extranjera (49,9%).

8. La distribución del sinhogarismo de larga duración no es homogénea en todo el territorio español. ¿Qué comunidades autónomas son las que tienen más personas en situación de sinhogarismo de larga duración?

a) Asturias y Murcia.
b) Castilla y León, Cantabria y La Rioja.
c) Madrid y Andalucía.

9. En su mayoría, ¿qué nivel de educación ha alcanzado la población de personas sin hogar?

a) Estudios primarios.
b) Estudios secundarios.
c) Estudios superiores.

10. Según la "Estrategia Nacional Integral para Personas sin Hogar 2015-2020" la esperanza de vida de las personas en situación de sinhogarismo estaba entre:

a) Los 45 y los 52 años.
b) Los 50 y los 60 años.
c) Los 58 y los 65 años.

11. ¿Qué clasificación hace referencia a las categorías de sinhogarismo?

a) REMINWEB.
b) ETHOS.
c) EUROSTAT.

12. La tipología europea sobre personas sin hogar, ¿en qué categorías clasifica la situación residencial?

a) Sin techo, sin casa, alojamiento inseguro, alojamiento inadecuado.
b) Sin techo y sin casa.
c) Alojamiento inseguro o alojamiento inadecuado.

13. ¿Cuál de estos supuestos no sería vivir en una vivienda inadecuada?

a) Vivir en una estructura temporal o chabola.
b) Vivir en una vivienda masificada.
c) Vivir en una vivienda sin título legal.

14. La FEMP hace una tipología de las personas sin hogar según el proceso evolutivo de marginación en que se encuentren. Así distingue:

a) Búsqueda de apoyo, desesperanza y cronicidad.
b) Situación inicial, situación avanzada, y situación muy avanzada.
c) Cronicidad, recursos de apoyo e integración.

15. Nos enfrentamos a una población cuyas relaciones familiares se han deteriorado o se han perdido, nuestro objetivo de intervención será reconstruir dichas relaciones, en los casos en que sea posible:

a) Solo en el 50 % de los casos.
b) Verdadero.
c) Falso.

16. En la intervención en personas sin hogar, se intentará localizar a familiares cuanto más cercanos mejor, y si no es posible a amigos, parientes, vecinos, etc.:

a) Verdadero.
b) Falso.
c) Este tipo de intervención iría en contra de los principios de buenas prácticas y de ética del Trabajo Social.

17. Es competencia de los servicios sociales la inserción en materia económico-laboral de este colectivo:

a) El trabajador social debe coordinarse para este tema con los dispositivos de inserción económica y laboral de la comunidad.

b) No es viable marcarse como objetivos del trabajo social la inserción en materia económico-laboral de este colectivo, o de cualquier otro, ya que extralimita nuestras posibilidades y competencias.

c) Ha de desarrollarse esta competencia en todos los casos, exceptuando los de personas en edad no laboral o incapacitados al efecto.

18. ¿Cuál de estos enunciados es más correcto?

a) El primer problema a abordar desde la intervención del trabajo social con las personas sin hogar es el primer contacto con el usuario, ya que la persona sin hogar no suele ser demandante de servicios.

b) Los recursos designados desde los Servicios Sociales para las personas sin hogar se deben centrar exclusivamente en su alojamiento inmediato.

c) Al no ser las personas sin hogar demandantes de servicios, la intervención se debe centrar en la prevención del fenómeno, ya que la persona sin hogar sufre tal deterioro que los únicos servicios que se pueden poner a su disposición son esencialmente asistenciales.

19. Según la tipología ETHOS ¿a qué categoría pertenece una persona que vive en una estructura temporal o chabola?

a) Sin vivienda.
b) Vivienda insegura.
c) Vivienda inadecuada.

20. Cuando una persona vive bajo amenaza de violencia por parte de la familia o de la pareja, según la tipología EHOS se encontraría dentro de la categoría de:

a) Vivienda insegura.
b) Vivienda inadecuada.
c) La tipología EHOS no contempla esta situación.

Solución al test n.º 23

1. c) Es la falta de un alojamiento adecuado y permanente que proporcione un marco estable de convivencia.

2. c) Estructural.

3. b) El sujeto ha roto todo tipo de relación con la familia y otras redes de origen social y comunitario.

4. a) 28.552 personas.

5. c) Tener que empezar de cero tras emigrar a otro país.

6. b) 42,9 años.

7. c) Existe bastante equilibrio entre población con nacionalidad española (50,1%) y aquella con nacionalidad extranjera (49,9%).

8. a) Asturias y Murcia.

9. b) Estudios secundarios.

10. a) Los 45 y los 52 años.

11. b) ETHOS.

12. a) Sin techo, sin casa, alojamiento inseguro, alojamiento inadecuado.

13. c) Vivir en una vivienda sin título legal.

14. b) Situación inicial, situación avanzada, y situación muy avanzada.

15. b) Verdadero.

16. a) Verdadero.

17. b) No es viable marcarse como objetivos del trabajo social la inserción en materia económico-laboral de este colectivo, o de cualquier otro, ya que extralimita nuestras posibilidades y competencias.

18. a) El primer problema a abordar desde la intervención del trabajo social con las personas sin hogar es el primer contacto con el usuario, ya que la persona sin hogar no suele ser demandante de servicios.

19. c) Vivienda inadecuada.

20. a) Vivienda insegura.

TEST N.º 24

La Red Municipal de Atención a Personas Sin Hogar en el Ayuntamiento de Madrid. Centro de Acogida San Isidro: perfil de personas usuarias, programas, servicios y prestaciones

1. ¿Cuál es la vía de acceso a la Red Municipal de Atención a las personas sin Hogar?

a) Por medio del sistema de Puerta Única de Entrada (PUE).
b) A través de la Atención Social Primaria.
c) A través de la Atención Social Especializada.

2. La actuación del Departamento de prevención del sinhogarismo y atención a las personas sin hogar en la ciudad de Madrid se enmarca en:

a) La Estrategia Municipal sobre Prevención y Atención a las personas en situación de Sinhogarismo 2022-2027 "Dignitas".
b) La Estrategia para la Atención a las personas sin Hogar 2020-2025 "Dignitas".
c) La Estrategia Municipal sobre Prevención y Atención a las personas sin hogar 2020-2030 "Dignitas".

3. El objetivo de este modelo de intervención es ayudar a la persona a superar los obstáculos que dificultan la inclusión social y el mantenimiento de una vida autónoma e independiente:

a) Modelos de intervención integrados.
b) Modelos orientados a la vivienda.
c) Enfoques preventivos.

4. Lo primero que se proporciona a la persona sin hogar en los programas housing first es:

a) Una vivienda estable.
b) Un empleo.
c) El Ingreso Mínimo Vital.

5. El Equipo PUE está formado por:

a) Un trabajador social, un psicólogo y un educador social.
b) Dos trabajadores sociales y Dos auxiliares de servicios sociales.
c) Tres trabajadores sociales.

6. No forma parte del servicio "Madrid en Calle":

a) Equipos de Calle.
b) Puerta Única de Entrada (PUE).
c) Centro de acogida municipal de San Isidro (CASI).

7. Los Equipos de Calle son equipos interdisciplinares que están formados por 7 equipos de:

a) Un trabajador social, un psicólogo y un educador social.
b) Dos trabajadores sociales y Dos auxiliares de servicios sociales.
c) Tres trabajadores sociales.

8. ¿Cuál es el dispositivo de mayor capacidad de la Red de Atención a las Personas sin Hogar en la ciudad de Madrid?

a) Centro de acogida municipal de San Isidro (CASI).
b) Centro de Acogida y Centro de Día "La Rosa".
c) Centro de Acogida "Puerta Abierta".

9. Es un centro de baja exigencia que cuenta con 130 plazas para atender a personas sin hogar en situación de un elevado deterioro por la situación de sinhogarismo en la que han vivido:

a) Centro de acogida municipal de San Isidro (CASI).
b) Centro de Acogida y Centro de Día "La Rosa".
c) Centro de Acogida "Puerta Abierta".

10. Es un Centro de la Red municipal de atención a las personas sin hogar dirigido en exclusiva a mujeres en situación de sinhogarismo:

a) Centro de Acogida y Centro de Día "La Rosa".
b) Centro de Acogida "Juan Luis Vives".
c) Centro de Acogida y centro de día Beatriz Galindo.

11. Se trata de un programa que implica, por una parte, acceso a recurso de alojamiento en vivienda unipersonal y paralelamente, se desarrolla un acompañamiento socioeducativo a la persona respetando su proceso hasta que adquiere un grado de autonomía que le permita mantenerse en la misma vivienda sin más apoyo que los sistemas de protección normalizado o, bien, que acceda a otro recurso de alojamiento estable:

a) Programa para mujeres sin hogar "No Second Night".
b) Programa Construyendo Hogar.
c) Programa Hogares para la Autonomía.

12. ¿Cuál de los siguientes programas está dirigido a jóvenes entre 18 y 25 años que se encuentren en situación de calle, con el objetivo de dar una respuesta preventiva a los procesos de deterioro que supone estar en calle?

a) Programa Construyendo Hogar.
b) Programa "Housing Led".
c) Programa A Tiempo.

13. Una de las funciones del Foro Técnico Local sobre las Personas sin Hogar en Madrid es:

a) Recoger y analizar la información que se produce con relación a las Personas sin Hogar en nuestra ciudad, analizando sus perfiles, demandas y necesidades de respuesta.
b) Realizar propuestas que incidan en la mejora de la atención que se presta a las Personas sin Hogar.
c) Ambas son correctas.

14. ¿Cuántas plazas de centro de día tiene el Centro de Acogida San Isidro?

a) 25.
b) 50.
c) 100.

15. ¿Cuál de estos objetivos no forma parte del Centro de Acogida San Isidro?

a) Garantizar la cobertura de las necesidades básicas de las personas acogidas.
b) Promover la adquisición de hábitos de mejora personal, social y sanitaria que permitan a las personas acogidas mejorar su situación personal y posibilitar su reinserción social.
c) Garantizar la deshabituación de las drogas y el alcohol de sus usuarios.

16. ¿Qué tres áreas de Intervención constituyen la atención integral que se presta en el Centro de Acogida San Isidro?

a) Social, Psicológica y Sanitaria.
b) Social, Psicológica y Física.
c) Social, Psicológica y Comportamental.

17. ¿Cuál es el objetivo del programa de primera acogida?

a) Realizar la primera valoración interdisciplinar de la situación de las personas que acceden al centro.
b) Realizar la primera valoración interdisciplinar de la situación de las personas que acceden al centro y el DIS (Diseño de Intervención Social).
c) Realizar la primera valoración interdisciplinar de la situación de las personas que acceden al centro y la visita domiciliaria.

18. Uno de los objetivos del Programa de Cuidados Básicos para la Salud es:

a) Facilitar el acceso a los servicios sanitarios comunitarios y a los especializados.
b) Ayudar a mantener las capacidades de la persona para el desarrollo de las Actividades Básicas de la Vida Diaria.
c) Ambas son correctas.

19. ¿Qué es el PRISEMI?

a) Proyecto de Rehabilitación e Inserción Social de Enfermos Mentales.
b) Proyecto de Rehabilitación e Inserción Social de Enfermos Mentales Inmigrantes.
c) Proyecto de Rehabilitación e Inserción Social de Enfermos Mentales Crónicos Sin Hogar.

20. ¿Qué servicios presta el Centro de Acogida San Isidro?

a) Alimentación, lavandería, peluquería, podología, consigna y ropero.
b) Alimentación, lavandería, peluquería, podología, consigna.
c) Alimentación, lavandería, peluquería, podología, ropero.

Solución al test n.º 24

1. a) Por medio del sistema de Puerta Única de Entrada (PUE).

2. a) La Estrategia Municipal sobre Prevención y Atención a las personas en situación de Sinhogarismo 2022-2027 "Dignitas".

3. a) Modelos de intervención integrados.

4. a) Una vivienda estable.

5. c) Tres trabajadores sociales.

6. c) Centro de acogida municipal de San Isidro (CASI).

7. b) Dos trabajadores sociales y Dos auxiliares de servicios sociales.

8. a) Centro de acogida municipal de San Isidro (CASI).

9. c) Centro de Acogida "Puerta Abierta".

10. c) Centro de Acogida y centro de día Beatriz Galindo.

11. b) Programa Construyendo Hogar.

12. c) Programa A Tiempo.

13. c) Ambas son correctas.

14. b) 50.

15. c) Garantizar la deshabituación de las drogas y el alcohol de sus usuarios.

16. a) Social, Psicológica y Sanitaria.

17. a) Realizar la primera valoración interdisciplinar de la situación de las personas que acceden al centro.

18. c) Ambas son correctas.

19. c) Proyecto de Rehabilitación e Inserción Social de Enfermos Mentales Crónicos Sin Hogar.

20. a) Alimentación, lavandería, peluquería, podología, consigna y ropero.

TEST N.º 25

El Auxiliar de Servicios Sociales en el Centro de Acogida San Isidro: Sus funciones asistenciales y de apoyo al equipo técnico del referido dispositivo de atención

1. En el Centro de Acogida San Isidro se desarrollan programas de atención a:

a) Personas inmigrantes.
b) Personas sin hogar.
c) Mujeres víctimas de violencia de género.

2. ¿Qué objetivo persigue la red de atención a personas sin hogar del Ayuntamiento de Madrid?

a) Erradicar la pobreza.
b) Que ninguna Persona Sin Hogar carezca de atención social.
c) Fomentar la reinserción social de las personas sin hogar.

3. ¿Cuál de las siguientes afirmaciones no se corresponde con los objetivos que se persiguen en el Centro de Acogida San Isidro?

a) Cubrir las necesidades básicas (alojamiento, manutención, higiene y vestido) de las personas que acceden al mismo.
b) Realizar una intervención técnica para posibilitar procesos de mejora a nivel personal, social y sanitario desde una perspectiva bio-psico-social.
c) Ofrecer una atención integral para el desarrollo de sus competencias psicosociales.

4. ¿Cuándo surge la figura del auxiliar de Servicios Sociales en el Centro de Acogida San Isidro?

a) Surge por acuerdo plenario del Ayuntamiento de Madrid en diciembre de 1985.
b) Surge por acuerdo plenario del Ayuntamiento de Madrid en diciembre de 2000.
c) Surge por acuerdo plenario del Ayuntamiento de Madrid en diciembre de 2004.

5. ¿A qué subgrupo se corresponde la figura del auxiliar de servicios sociales?

a) c1.
b) c2.
c) a1.

6. ¿Según el Acuerdo de 29 de octubre de 2020 de la Junta de Gobierno de la Ciudad de Madrid por el que se aprueba el Acuerdo de 30 de septiembre de 2020 de la Mesa de Negociación del Personal Laboral del Ayuntamiento de Madrid por el que se regulan los sistemas de clasificación y ordenación del personal laboral del Ayuntamiento de Madrid y sus Organismos Autónomos, cómo contempla a los trabajadores cuya profesión es la de auxiliar?

a) Llevan a cabo tareas consistentes en operaciones realizadas siguiendo un método de trabajo poco preciso y concreto.
b) Con alto grado de supervisión, que normalmente exigen conocimientos profesionales de carácter elemental.
c) Que realicen tareas manuales o con ayuda de elementos mecánicos complejas ajustándose a instrucciones concretas, claramente establecidas, con un alto grado de dependencia y que pueden requerir de cierto esfuerzo físico y atención, para las que no necesitan de formación específica.

7. ¿Cómo se contempla a los técnicos auxiliares?

a) Aquellos trabajadores que realizan tareas bajo instrucciones precisas, que no requieren adecuados conocimientos profesionales y aptitudes prácticas, y cuya responsabilidad está limitada por una supervisión directa y sistemática, sin perjuicio de que en su ejecución puedan ser ayudados por otros trabajadores de igual o inferior grupo profesional.
b) Aquellos trabajadores que realizan tareas con cierta autonomía e iniciativa, que, aun cuando se ejecuten bajo instrucciones precisas, no requieren adecuados conocimientos profesionales y aptitudes prácticas, y cuya responsabilidad está limitada por una supervisión directa y sistemática, sin perjuicio de que en su ejecución puedan ser ayudados por otros trabajadores de igual o inferior grupo profesional.
c) Aquellos trabajadores que realizan tareas con cierta autonomía e iniciativa, que, aun cuando se ejecuten bajo instrucciones precisas, requieren adecuados conocimientos profesionales y aptitudes prácticas, y cuya responsabilidad está limitada por una supervisión directa y sistemática, sin perjuicio de que en su ejecución puedan ser ayudados por otros trabajadores de igual o inferior grupo profesional.

8. ¿Desde qué ámbitos se interviene en el Centro de Acogida San Isidro?

a) Individual, grupal y comunitario.
b) Individual y grupal.
c) Grupal y comunitario.

9. ¿Qué pretensión se tiene desde el Centro de Acogida San Isidro con respecto a los usuarios? Señala la respuesta incorrecta.

a) Que los usuarios desarrollen una serie de hábitos y destrezas personales.
b) Se atiendan diferentes necesidades personales (aseo, higiene, acompañamientos fuera del Centro).
c) Se facilite la convivencia externa y la adaptación a las normas del municipio.

10. ¿En el caso de las intervenciones individuales quién diseña el Plan de Intervención?

a) Auxiliares de Servicios Sociales.
b) Equipo técnico.
c) Terapeutas ocupacionales.

11. ¿Qué objetivo se persigue en el ámbito grupal?

a) Mejorar la convivencia.
b) Fomentar la participación y la intervención en el entorno del distrito.
c) a y b son correctas.

12. ¿En qué documento se concretan los objetivos y las acciones socioeducativas y de entrenamiento a desarrollar con el usuario?

a) Informe de derivación.
b) Historia social.
c) Ficha social.

13. ¿Cuál de las siguientes actividades se corresponden con actividades de entrenamiento en capacidades y habilidades personales instrumentales?

a) Cuidado del aseo, cuidado de la manutención, entrenamiento en la asistencia a citas médicas y en la realización de gestiones, mediante el acompañamiento al usuario, establecer relaciones sociales.
b) Cuidado del aseo, cuidado de la manutención, entrenamiento en la asistencia a citas médicas y en la realización de gestiones, mediante el acompañamiento al usuario, interiorización de valores personales de respeto a su propia persona y al entorno.
c) Cuidado del aseo, cuidado de la manutención, entrenamiento en la asistencia a citas médicas y en la realización de gestiones, mediante el acompañamiento al usuario a comprarse enseres personales.

14. ¿Qué tipo de actividades abordan aspectos que tienen un contenido asistencial, educativo y rehabilitador?

a) Actividades socioeducativas.
b) Actividades laborales.
c) Ninguna de las anteriores.

15. ¿Qué finalidad persiguen las actividades a nivel grupal?

a) Mejorar las relaciones sociales de los usuarios de la Red de Atención a Personas Sin Hogar y en especial de las personas residentes en el Centro en el Centro de Acogida San Isidro.
b) Mejorar el grado de inserción social de los usuarios de la Red de Atención a Personas Sin Hogar y en especial de las personas residentes en el Centro en el Centro de Acogida San Isidro.
c) Mejorar las capacidades personales y habilidades sociales de los usuarios de la Red de Atención a Personas Sin Hogar y en especial de las personas residentes en el Centro en el Centro de Acogida San Isidro.

16. ¿Qué personal desarrolla los proyectos de intervención grupal?

a) Trabajadores Sociales.
b) Auxiliares de Servicios Sociales.
c) Educadores y monitores.

17. ¿Durante que periodo de tiempo se desarrollan actividades de ocio?

a) En las Fiestas de Navidad.
b) En el Patrón de la ciudad.
c) A y b son correctas.

18. ¿Qué planteamiento presenta la intervención a nivel comunitario?

a) Un proyecto de reeducación a menores infractores.
b) Un proyecto de mediación vecinal cercano al Centro.
c) Un proyecto de actuación en el medio vecinal cercano al Centro.

19. ¿Con qué periodicidad se mantienen reuniones con los agentes sociales?

a) bimensual.
b) semestral.
c) Anual.

20. ¿A cuántos espectáculos lúdicos acuden durante el año?

a) 3.
b) 6.
c) 9.

Solución al test n.º 25

1. b) Personas sin hogar.

2. b) Que ninguna Persona Sin Hogar carezca de atención social.

3. c) Ofrecer una atención integral para el desarrollo de sus competencias psicosociales.

4. a) Surge por acuerdo plenario del Ayuntamiento de Madrid en diciembre de 1985.

5. b) c2.

6. b) Con alto grado de supervisión, que normalmente exigen conocimientos profesionales de carácter elemental.

7. c) Aquellos trabajadores que realizan tareas con cierta autonomía e iniciativa, que, aun cuando se ejecuten bajo instrucciones precisas, requieren adecuados conocimientos profesionales y aptitudes prácticas, y cuya responsabilidad está limitada por una supervisión directa y sistemática, sin perjuicio de que en su ejecución puedan ser ayudados por otros trabajadores de igual o inferior grupo profesional.

8. a) Individual, grupal y comunitario.

9. c) Se facilite la convivencia externa y la adaptación a las normas del municipio.

10. b) Equipo técnico.

11. c) a y b son correctas.

12. a) Informe de derivación.

13. b) Cuidado del aseo, cuidado de la manutención, entrenamiento en la asistencia a citas médicas y en la realización de gestiones, mediante el acompañamiento al usuario, interiorización de valores personales de respeto a su propia persona y al entorno.

14. a) Actividades socioeducativas.

15. c) Mejorar las capacidades personales y habilidades sociales de los usuarios de la Red de Atención a Personas Sin Hogar y en especial de las personas residentes en el Centro en el Centro de Acogida San Isidro.

16. c) Educadores y monitores.

17. c) A y b son correctas.

18. c) Un proyecto de actuación en el medio vecinal cercano al Centro.

19. b) semestral.

20. a) 3.

Cómo acceder al Curso

Auxiliar de Servicios Sociales
Test del temario

El uso de los códigos **es exclusivo de los compradores de los productos de Editorial MAD**. Cada producto posee un código único y de un solo uso. Es personal e intransferible y da acceso a servicios y contenidos adicionales. Editorial MAD se reserva el derecho de hacer cuantas comprobaciones sean necesarias para identificar al legítimo poseedor del código y dejar de dar servicio a quien haga uso fraudulento del mismo, además de emprender cuantas acciones legales estime oportunas según la legislación vigente.

Deberás acceder a:

mad.es/registro-campus

Si una vez aceptadas las condiciones de uso del Campus decides hacer uso del mismo, necesitarás del siguiente código de acceso junto con los códigos del resto de títulos que se exigen (si fuera el caso):

2ZPGUFXIJR